Social Emotional Learning

ALL LEARNING IS
SOCIAL AND EMOTIONAL

学びは、すべてSEL

教科指導のなかで育む感情と社会性

ナンシー・フレイ＋ダグラス・フィッシャー＋ドミニク・スミス
山田洋平・吉田新一郎 訳

新評論

れません。しかし、注意をされた生徒や周りの生徒は、このあとに行われた学習内容を理解できたでしょうか。

たとえば、生徒の安全を気遣って「大丈夫？」と声をかけたり、突然の虫に驚いた生徒に共感しながら、「びっくりしたね」と気持ちを代弁していれば、生徒は落ち着いたかもしれません。また、クラス全体に対して、「もう一度集中できるように深呼吸を三回しましょう」といった声かけをしていれば、周りの生徒もこのあとの授業に集中したことでしょう。そればかりか、全員に対して、気が散ったときに集中力を取り戻すためのスキルを教えられたかもしれません。

こうした指導は、一時的には学習時間を潰すことになりますが、長期的に見れば、集中力の向上など学習面に対するプラス面のほうが大きくなるでしょう。こうしたスキルを「社会情動的スキル」と呼ぶ場合が多いのですが、アメリカなどでは三〇年近く前から、日本でも近年注目されつつあります。なお、本書では「ＳＥＬのスキル（social and emotional skills）」という表記で統一しました。

このＳＥＬのスキルを育成する取り組みを総称して「social and emotional learning（ＳＥＬ）」と呼んでいますが、海外では数多くのＳＥＬプログラムが開発・実施されています。日本では「社会性と情動の学習」、「ソーシャル・エモーショナル・ラーニング」、「感情と社会性を育む学び」などと訳され、そのプログラムの開発と実践が進められていますが、表記の違いによってそれに対する理解は遅くなるものです。本書がきっかけとなって、「ＳＥＬ」という表記が日本で広まることを願っています。

ＳＥＬプログラムは、さまざまな研究によって多くの効果が示されています。しかし、このプログラムを実施さえすれば効果が示されるということではありません。本書には、「ＳＥＬが継続的に実施され、かつ持続的な効果を発揮するためには、教科学習以外の場だけで実施されるのではなく、教科学習に統合される必要があります」（二〇ページ）と書かれています。つまり、ＳＥＬプログラム活動のなかだけではなく、教科学習のなかでもＳＥＬのスキルを育む取り組みが推奨されているわけです。一例を挙げましょう。

授業のなかで「話し合い活動」が行われていると思いますが、それらは単純な知識の交流や伝達のためだけに行われていませんか。それでは、ＳＥＬのスキルが生徒に育まれることはあまり期待できません。それだけではなく、話し合う際の不安、自分の意見に賛同してくれたときの喜びなどを共有したり、そのコツやチームワークの方法などについて学ぶ機会を設ければ、ＳＥＬのスキルは学習内容の理解とともに育成されていきます。

実は、こうしたかかわり方はまったく新しい考え方ではありません。冒頭の事例を紹介した際に、私が説明したようなかかわり方を想像した先生も少なくはないでしょう。こうしたかかわり方が必要だと感じている先生であれば、すでに当たり前のように実施しているはずです。

しかし、一方で紹介したように、「おい！　静かにしろ！　席に戻りなさい」と注意をする先生も少なくないでしょう。そのように考えると、ＳＥＬのスキルを育てるかかわり方をしてくれる先生に出会えれば成長・発達し、そうではない先生に出会うとスキルが身につかないということになります。後者の場合、言うまでもなく生徒にとっては不幸となります。

ＳＥＬの教科学習への統合とは、こうした働きかけを意図的に授業のなかに取り込むことを意味します。本書では、教科学習のなかで、ＳＥＬのスキルを育成するための具体的な方法がふだんに紹介されています。本書を読まれることで、すべての先生がこうしたかかわり方が日常的に行えるようになることを訳者として期待しているわけですが、もう一つ重要な点がありますので、簡単に紹介しておきましょう。

それは、ＳＥＬのスキルを公平性の視点で考えるということです。本書にも書かれていますが、多くの場合、感情のコントロールができない、言葉遣いが荒い、すぐに叩くなどといった問題は子どもの「性格特性」として理解されています。しかし、幼児期以後、これらの問題に関する弊害について教えてもらえない環境に置かれていた生徒であったとしたらどうなるでしょうか。単に「性格特性」と決めつけてしまってもいいのでしょうか。たとえば、経済的な貧困、育児放棄などが理由で生じた問題かもしれないのです。ご存じのように、学力格差の原因については、こうした家庭環境から説明される場合がよくあります。

ＳＥＬのスキルにおいて、格差が家庭環境の影響を一因として挙げられることはありません。家庭環境が原因で、先生から不当に叱られたり、周囲の友だちに軽蔑されるといったことがあってはなりません。しかし、前述したように、ＳＥＬのスキルを高めるかかわり方には、先生の関心の高さによって大きく左右されます。それをふまえると、学校という現場において、ＳＥＬのスキルを向上する機会を意図的に取り入れていく必要があります。

ＳＥＬのスキルは教えられるのです。どんな境遇にあっても、学校教育のなかですべての生徒の能力を高めていくことができるのです。

本書を訳し終えた今、私が印象に残っているのは、「意図しているかどうかにかかわらず、教師の言動は（ＳＥＬの観点でも）生徒に大きく影響を与えている」という記述が具体的な事例とともに随所で紹介されているわけですが、それらは、普段の生徒とのかかわり方だけではなく教材の選び方や授業の仕方などにも表れている点です。これが学習指導と生徒指導が切り離せないゆえんとなりますし、本書のタイトルを「学びは、すべてＳＥＬ」とした理由ともなります。

最後になりましたが、武市一幸さんをはじめとする株式会社新評論のみなさまに心より感謝申し上げます。ありがとうございました。

二〇二三年一月一五日

山田　洋平

もくじ

訳者まえがき　i
第1章　価値のある学び　3
第2章　アイデンティティーとエイジェンシー　37
第3章　感情調整　81
第4章　認知調整　129
第5章　社会的スキル　171
第6章　公共心　225
第7章　SEL学校の創造　277
訳注で紹介した本の一覧　305
参考文献一覧　316
SELの実践に使える絵本と児童文学のリスト　320

学びは、すべてＳＥＬ——教科指導のなかで育む感情と社会性

Nancy Frey, Douglas Fisher and Dominique Smith
ALL LEARNING IS SOCIAL AND EMOTIONAL
Helping Students Develop Essential Skills
For the Classroom and Beyond

This work was originally published by ASCD.
Translated and published by SHINHYORON CO., LTD
with permission from ASCD.
This translated work is based on *All Learning is Social and Emotional: Helping Students Develop Essential Skills For the Classroom and Beyond*
by Nancy Frey, Douglas Fisher and Dominique Smith

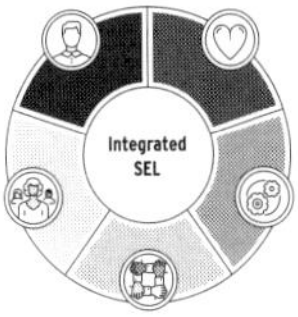

第1章
価値のある学び

学ぶ――これこそが学校の目的ですよね？　教育関係者であれば誰でも、教育制度のなかで果たす役割に関係なく「生徒[1]の学び」に関心があります。そして、私たちは、生徒の確かな学びを保障するために多くの時間を費やしています。また、生徒が学校で何を学ぶべきかについては何十年にもわたって議論されてきました。私たちは何を教えるべきなのでしょうか？　生徒は何を学び、何ができるようになる必要があるのでしょうか？

　ほとんどの教育関係者にとって、答えはシンプルなものです。学校はいわゆる主要教科を教えて、生徒はそれらを習得する必要があります。そして、教育の評価は、ほとんどが国語と算数・

（1）生徒、児童、学習者、子ども、若者などは、原則としてすべて「生徒」に統一します。

数学に当てられており、時々、理科と社会科にも焦点が当てられています（日本の中高の場合は英語が加わります・訳者追記）。学校が社会的な評価とランキングで「成功」するためには、生徒がよい学業成績を収める必要があります。そうした学校では、すべての時間が学力向上のために当てられています。

とはいえ、教育関係者のなかに、職業能力や職場でのスキルを「学校で教える価値のある学び」と考える人が増えてきました。たとえば、「必要なスキル獲得に関するアメリカ労働省長官委員会」（Secretary's Commission on Achieving Necessary Skills：SCANS）は、学校教育に欠けている「生き方を学ぶ」システムに焦点を当てています。

その報告では、読み書き能力や計算能力のような基本的なスキルに加えて、知識をいかすために必要とされる思考スキルと、熱心で信頼される労働者になるための個人的な資質に重点を置くことが提唱されています(2)［参考文献134］。

学校現場において職場で役立つスキルの認知とその優先順位が高まったという事実は、単なる知識習得以上の影響を学校は生徒に与えられるという理解が進んだことを示します。たとえば、カリフォルニア州では現在、大学への進学や就職の準備が整ったことを示す方法の一つとして「キャリアパス」を取り入れています。カリフォルニア州の新しい高校卒業要件には、三年間で三〇〇時間の「職業」や「技術教育」の授業を履修する必要があります。これらの授業には、問題解決に向けた他者との協働、新しい製品や解決案の作成、明瞭なコミュニケーション、誠実な意思決定などといった「非認知スキル」が組み込まれています。言い換えれば、これらの心構え(3)が技術的なスキルを支えているということです。また、アメリカ労働省によって示された産業界が求める能力(4)やスキルとも一致しています［参考文献134］。

さらに、ほかの教育関係者も、価値のある学びには学力に加えてSELのスキルの習得が含まれる、と認識しています。この学びを幅広くとらえた学習観を支持する人は（もちろん著者三人も）、SELに焦点を当てた系統立った学習指導が教科学習の向上につながると信じています。

今日まで、学校の評価制度においては、SELを扱う取り組みはかぎられていました。たとえば、私たちが住んでいるカリフォルニア州では、各学校を評価する指標に「停学」と「退学」の割合が含まれていますが、これに対して教師や管理職が、問題行動に甘く、寛容すぎる環境を助

（2）「この報告書およびその内容については、訳者の吉田が『いい学校の選び方』の二四ページで、日本の経済界が教育に求めるものと対比する形で紹介しています。なお、関連情報は、https://ueric.uchida.co.jp/index.cfm/14,2658,50.html でも入手できます。

（3）（disposition）一般的には、「気質、傾向、性質、心性」などと訳されています。

（4）原書では「コンピテンシー」ないし「コンピテンス」が使われていますが、本書では分かりやすく「能力」ないし、場合によっては「スキル」と訳しています。

長しているといった批判が一部にあります。

一方、この評価を支持する人々は、生徒が退学や停学にならないように取り組んだり、指導を必要とする生徒に対して学校できちんと対応する能力は、より良い学校であることを示す有効な指標となるだけでなく、学校がより良くなるための効果的な手段である、と反論しています。停学や退学を減らすためには、生徒が友達や教師と積極的にかかわり、学習に夢中で取り組めるようなＳＥＬのスキルが身につくように教える必要があります。

SELの詳細

ＳＥＬにはさまざまな定義があります［参考文献63］。それらは、学校や職場、そして地域での良好な人間関係を可能にする社会的・感情的・行動的、および性格（キャラクター）のスキルに焦点が当てられています。

これらのスキルは、生徒の学業に影響を与えるにもかかわらず、学校教育においては明確な指導対象とはなっておらず、「ソフトスキル」[5]や「個人の特性」と見なされている場合が多いです。しかし実際には、自覚をしていないかもしれませんが、教師はＳＥＬを教えているのです。ある教師が次のように述べています。

「私たちがどのように教えるかは、私たちが何を教えるのかと同じくらい生徒に対しては影響があります。教室における文化が帰属意識と精神面の安全を反映しなければならないのと同じく、教科指導においてもそれらの能力を体現し、強化すると同時に教科指導もそれらの能力によって高められます」〔参考文献10〕

意識するかどうかにはかかわらず、教師はまちがいなくこれらの価値観を生徒に伝えているのです。

ＳＥＬのニーズに対処するための取り組みは、一九八三年の研究にまでさかのぼれます。その研究では能力（コンピテンス）を、「ニーズに対する柔軟で適応力のある反応をつくりだしたり、調整したりする力、および環境のなかで機会を生みだして活用する力」〔参考文献155〕と表現しています。言い換えれば、有能な人々には適応力があり、適切な方法で状況に対応し、所属するコミュニティーのなかでチャンスを求めるということです。

こうした力を、私たちは生徒に望んでいるのではないでしょうか。つまり学校は、これら一連のスキルが身につくように力を注ぐべきなのです。

（5）　日本で近年取りざたされている「非認知能力」も同じものですが、その取り上げられ方が、「テストで測れる認知能力に貢献するもの」というとらえられ方になっているのではないかと訳者は危惧しています。

年々、SELに対する考え方は進化してきました。一九九七年にSELが一連の能力で構成されていると示されましたが［参考文献39］、別の研究者たちが以下の能力としてSELを説明しています［参考文献36］。

・感情の認識と管理
・前向きな目標の設定と達成
・他者視点の理解
・生産的な対人関係の確立と維持
・責任ある意思決定
・対人関係の諸問題の建設的な処理

そして二〇〇五年、教科指導とSELの統合を推進することを目的として一九九四年に設立された非営利団体「CASEL（Collaborative for Academic, Social, and Emotional Learning）」が、相互に関連する五つの認知・感情・行動の能力を次のように定義しました［参考文献20］。

自己への気づき（**自己認識**）――自分の感情、価値観、行動を内省する能力
他者への気づき（**社会認識**）――別の視点から状況を眺める能力、他者の社会的および文化的規範を尊重する能力、多様性をたたえる能力

訳者コラム

ウォレス財団（Wallace Foundation）・本部ニューヨーク市
「リーダーズ ダイジェスト協会」を共同で設立したウォレス夫妻（デウィットとリラ・アチソン）の慈善活動が端緒です。1922年に創刊した雑誌から得た収入を利用して、芸術的、文化的、若者向けのさまざまな目的に貢献しました。1981年にデウィット、1984年にリラが亡くなった後、財産の多くは彼らが設立した四つの民間財団に寄付され、2003年、これらの民間財団が統合されて「ウォレス財団」（非営利）が誕生しています。

財団では、社会問題を解決する方法に関する知識開発のほか、その知識に基づいて幅広い解決策の促進を目的としており、アイディアをテストするためのプロジェクトに資金を提供するほか、何が効果的なのかを調べるための委託研究を行い、その結果を実務者や政策立案者、思想家に伝えています。

対人関係スキル——仲間や教師、家族、その他の集団との前向きなつながりを築き、維持する能力
自己のコントロール（自己管理能力）——動機づけ、目標設定、計画遂行、自制心、衝動のコントロール、およびストレス対処法の使用を含む一連のスキル
責任ある意思決定——自他の幸福を考慮した選択を行う能力

また、最新の書籍では、「ウォレス財団」のモデルによってSELの三領域が定義されています〔参考文献70〕。

認知の調整（自ら考えや行動を観察して、適切に修正する）——注意力や集中力を自らコントロールする「注意制御」、不適切

な反応を抑制する「抑制制御」、「ワーキングメモリ（短期記憶）」と「計画性」、および柔軟に物事を考える「認知的柔軟性」

感情の機能——感情の認識と表現、感情と行動の調整、および共感または他者の視点を取得

社会的・対人関係スキル——社会的手がかりの理解、葛藤解決（いじめ問題など、対人関係上のトラブル解決）、および向社会的行動（ほかの人々や社会に貢献する自発的行動）

SELは学校で行われるべきか？

ウォレス財団は、「十分に知っているときにだけ発言する」という原則に従って活動している教育団体[6]です。本書では、ウォレス財団からのアドバイスを真摯に受け止めています。SELに関する研究に注意を払っている人であれば、その効果については決定的な主張をしないほうがよいでしょう。しかし、私たちは明確に、教室での学びはいつでも認知的な側面に加えてSELの側面が含まれていると信じています。

私たちは長きにわたって、教師、管理職、コンサルタントとして何千人もの生徒や教師とかかわってきました。そして、小学校、中学校、高校、ほぼすべての学校種（普通科、特別支援教育、職業科）のカリキュラムに携わってきました。これらの経験とすでに存在している多くの研究成果に基づけば、教師が生徒の社会的・感情的な発達に影響を与えていることは明らかです。よっ

て私たちは、より積極的かつ意図的な方法で生徒の発達を促す責任が教師にはある、と結論づけました。

前節で説明したように、ＳＥＬのニーズに関する枠組みは多くあり、ＳＥＬのスキルを効果的に発達させる何百ものプログラムが開発されています。(7) これらＳＥＬに対する多様なアプローチの開発と並行して、こうした学びの側面をどのようにすれば最善となる形で教師の仕事のなかに統合できるのかと考えてきました。話を進める前に、ＳＥＬに関するよくある質問に答えておきましょう。

---

(6)　日本では、教育は国の責任で行うものという考え方が根強くあるため、教育を活動内容にしている民間団体はほとんどありません（あったとしても、社会教育です）。それに対してアメリカでは、学校教育に直接関与する民間団体が数多く存在し、さまざまな支援活動を行っています。こうした社会的背景が、同じような実践がその是非を問われることなく長らく続いてしまうか（全国画一）、それとも常に教育のイノベーションを大事にするか（良くいえば百花繚乱、悪くいえばピンからキリまで）の岐路になっています。

(7)　このプログラムは何百もあるため、過去二〇年、訳者（吉田新一郎）はＳＥＬの分かりやすい実践方法の紹介を躊躇していました。もちろん、ＳＥＬの普及を使命とする「CASEL」も、自分たちで選んだものは紹介していません。あくまでも評価基準を提供して、利用者（教師など）が自ら判断できるように、レポートなどを出す形でサポートしています。

SELを重視すると学業がおろそかになるのでは？

たしかに、教師が生徒と過ごす時間はかぎられていますから、その間に学びを最大化するというのは重要です。研究によると、SELに費やした時間が多ければ多いほど教科学習が促進されると示唆されています［参考文献36、58］。（前述のウォラス財団のモデルとレポートの作成にかかわった・訳者補記）ハーバード大学の研究者たちは、「自分の思考や注意、行動を効果的に管理できる生徒はよい成績をとり、標準テストで高得点をとる可能性が高い」［参考文献69］と述べています。

簡単にいえば、生徒の向社会的行動（一〇ページの五行目を参照）と自己調整スキル(8)が発達すると学習効果が高まり［参考文献34］、対処されていない問題行動のある生徒は学習効果が低くなります［参考文献158］。

SELは保護者や家族の役割を奪うのでは？

ここで述べられている懸念は、SELに関連する授業が生徒に価値観を押しつけるのではないかというものです。たしかに、明白な真実です。しかし、私たちは、価値観こそが学校教育の構成要素であり、常にそうであったと主張します。

教えるために特定の本を教師が選択するとき、その行為は生徒に価値観を伝えています。(9)教師がある質問に答えるとき、その答え方も生徒に価値観を伝えています。さらに、生徒を男女交互に並べさせるというやり方も生徒に価値観を伝えていることになります。

学校と教職員、そして学校関係者は、意識するかどうかにかかわらず、すべての授業のなかで自らの価値観、道徳、信念を生徒に伝えているわけです。これは、次の節で説明する「**隠れたカリキュラム**」の一側面です。そのために教育委員会とカリキュラム委員会が設置されていますし、監査や評価を行っているのです[10]。

学校や教師が透明性のあるオープンな方法[11]でSELを採用する場合は、保護者や家族を含むコミュニティーはこれらの取り組みをモニターし、評価が可能となっています。

---

(8)　学習方法や学習に対する態度を自らが観察し、必要に応じて臨機応変に修正しながら学び続けるというスキルです。

(9)　日本で教科書のみを使って教える教師が多いわけですが、それで価値観を教えています。もちろん、教科書以外の教材の場合でも同じです。

(10)　隠れたカリキュラムは生徒の人権感覚の醸成において重要な側面であるため、定期的に教育委員会やカリキュラム委員会が評価を行っています。日本でも、この側面に気づいている教育関係者が少なからずいますが、圧倒的多数は見えるカリキュラム、つまり教科書に全幅の信頼を寄せている状態が続いています。

(11)　進捗状況を観察・点検することです。

SELは集団思考と画一化を生みだすのでは？

何年にもわたって、SELが「共産主義的」または「社会主義的」と呼ばれていましたが、正直にいって、私たちはそのようなとらえ方に驚いています。学校のなかにおいて特権が与えられるという考え方は一つもありませんし[12]、SELのプログラムも例外ではありません。あるのは、適切な行動様式と一般社会がマナーや社会的慣習と定義した方法で、それぞれにさまざまなニュアンスやバリエーションがあるだけです。

生徒が社会的・感情的に発達するために支援するというこの取り組みは、政治的な意図によるものではなく、生徒が社会貢献のできるメンバーの一員となるのに必要とされるスキルが身につくように教師が懸命に努力している表れである、と私たちは信じています。

カリキュラムとしてのSEL

SELをめぐる論争の多くは、SELカリキュラムが生徒の思考を形成する可能性に関する懸念に根ざしているもののようです。教室においてSELを直接扱うためには、まずカリキュラム理論の世界的な専門家の一人であるジョージ・ポーズナー（George Posner）が説明している側面について考える必要があります。ポーズナーは、カリキュラムには少なくとも五つのレベルがあると考えています［参考文献125］。

公式カリキュラム（または書面によるカリキュラム）(13)——目的、手順、および資料を含む、従うべき基本的な授業計画を提供します。これは結果責任の基礎を提供します。

運用カリキュラム——教師が実際の授業で教える内容とその伝え方です。これには、生徒の学習成果が含まれます。

隠れたカリキュラム——周囲の社会規範と価値観が含まれます。最初の二つのカリキュラムよりも強力で持続性があるほか、その二つと対立する可能性があります。

教えられていないカリキュラム——学校では教えられていない内容を指します。(14)これらの内容が、公式または運用カリキュラムに含まれていない理由を考える必要があります。

---

(12)　日本の場合、教科書が特権をもっているのかもしれません。

(13)　責任を問われるのは、教師、学校（管理職）、教育委員会、文部科学省などです。なお、この原語は「説明責任」とよく訳される「accountability《アカウンタビリティー》」です。その正しい意味については、『So Each May Soar（だから、みんな羽ばたいて）』（仮題、現在翻訳中）（原書の四九ページ）を参照してください。

(14)　たとえば、人類学や考古学などは、時間制約のためか、学校ではあまり教えられていません。

課外カリキュラム――正規の教育課程のほかに計画・実施される活動です。

ＳＥＬは、長い間「隠れたカリキュラム」として存在してきました。一般的に、大人が「男の子は泣かない」や「ありがとうと言いましょう」と教えている状態がそのよい例です。常に生徒は社会的・感情的な学びをしているわけですが、こうした学びの一部は生産的なものとはなっていません。

ＳＥＬが隠れたカリキュラムの一部であり続けると、学びに格差が生じてしまいます。たとえば、自己調整の方法を教わっておらず、それが身についていない生徒は疎外されるかもしれません。これらの生徒に対して教師は、「課題に取り組めていない」、「気が散っている」、「集中力がない」などと言うことでしょう。

まったく教えられた経験がないにもかかわらず、非難されるという生徒を生みだしてはいけません。すべての生徒に自己調整の方法を教えておけば、それを思い出すように促せます。ポーズナーは次のように指摘しています。

　生徒に起こる出来事はすべて人生に影響を与えるため、カリキュラムの作成では、学校内外で計画できることだけではなく、遭遇するであろう新しい状況での予期せぬ結果についても幅広く考慮しなければなりません。あらゆる状況の結果には、形式的に学習した方法だけではなく、その状況を経験した個人が抱く思考や感情、そして行動傾向といったすべてが含まれます。さらに、まったく同じ人間はいませんので、同じ状況であったとしても同じ経験とはなりません。［参考文献125］

ＳＥＬを公式カリキュラムの構成要素として認めれば、教師はＳＥＬを教室内で教えられるようになります。もちろん、これはＳＥＬを英語のフォニックス（15）、科学の進化論、社会科のクリストファー・コロンブス（Christopher Columbus, 1451?～1506）、数学の手順と概念などの論争に巻き込むことを意味します。

学校教育における重要な一部として位置づけられている内容には、意見や見解が激しく対立している場合があり、そこから展開される議論によって形づくられています。私たちの見解では、今日存在している教科指導のカリキュラムを生みだした場合と同じく、ＳＥＬも継続的かつ厳密な議論に値するものです。当然、教科指導のカリキュラムと同様に、時間とともに進化を続けていきます。

（15）文字から出る音のことで、「E」や「e」を「エ」ないし「イー」と読むなどです。

エンパワーメントとしてのＳＥＬ[16]

生徒が直面する問題の解決方法や選択について、決断する方法を教師は教えなければなりません。教科に関する知識は優れたものですが、社会的または問題解決スキルが低い生徒は他人に操られてしまうというリスクがあります。また、自分がとった行動によって起こる結果が予測できる生徒は、よい決断をする場合が多いものです。

たとえば、優秀な高校に通っている五人の顔なじみの先輩が、学校主催の州大会に出場しているとき、ホテルの一室でマリファナを吸っているところを見られた場合を考えてみましょう。

彼らは非常に後悔していました。あとから考えれば、自分たちがとった行動は未熟な決断によるものであったと分かっていましたが、目の前で選択を迫られたときに彼らは、「その場の雰囲気に流されてしまい、マリファナを吸うという行動が何をもたらすのかという点について考えなかった」のです。

私たちは、行動には結果が伴うということを知っていますし、そうあるべきだと考えています。私たちが言いたいのは、この生徒たちが直面したような現実社会での出来事については、教科学習だけでは不十分であるということです。生徒がしっかりとしたＳＥＬのスキルを身につければ結果を考慮したよい決断を下せるようになり、ほかの面でのメリットにもつながります。

ＳＥＬのメリットは、トラブルに巻き込まれないようになるだけではありません。幅広い状況に対応できるライフスキルも身につけられます[17]。本書で紹介されている例には、チームワークのとり方や他者との付き合い方のような「問題」に焦点を当てたものが多くあります。

そして、生徒に学んでもらいたい内容は、問題を特定し、分析し、解決する方法です。そのためには、学習面だけではなく社会的、感情的な性質をもっている幅広い課題にも取り組む必要があります。そして教師は、これらのプロセスに取り組むための適切なツール（道具）を生徒に提供する必要があります。

私たちの目的は、本書を通して、生徒を「社会的な力のある万能な問題解決者」に育成するためのツールボックスを教師に提供することです。

---

(16)　個人や集団の潜在能力を最大限に引き出すことです。

(17)　ＳＥＬ（主にＥＱ）との関連で、ライフスキルに含まれている内容に関心のある方は、下の二つのＱＲコードで見られます。なお、後者のＱＲコードで紹介されている読み・書き（国語）の実践ではＳＥＬのほぼすべてが磨かれているといえます。ちなみに、『国語の未来は「本づくり」』はＳＥＬとの統合を意識して書かれた実践紹介の本ですが、同じことは他教科でも可能であると示しています。

多くの場合、学校は特定のプログラムを通して生徒にＳＥＬの機会を提供しています。そして、補足的なプログラムであっても、必要とされるスキルの習得に役立つと証明されています［参考文献55］。それ以外にも、放課後の指導と介入を中心にＳＥＬが展開されることで、生徒のスキル発達に役立っているものがあります［参考文献37］。

まだ一般的とはなっていませんが、必要なのは、ＳＥＬプログラムが導入されるという原則を学校全体に拡大することです。ＳＥＬが継続的に実施され、かつ持続的な効果を発揮するためには、教科学習以外の場だけで実施されるのではなく、教科学習に統合される必要があります。

ＳＥＬを統合する取り組みにおいては学級担任が重要となり、ＳＥＬのスキルを育むための意図的な働きかけが重要となります。なぜなら、すでに一部の教師が隠れたカリキュラムを通じてこの種の学びに取り組んでいるからです。(18) また、学校や社会で成功するために、これらのスキルを学ぶ必要のある生徒が非常に多いという事実もその理由となります。

教科学習とＳＥＬの統合を促進するために、本書の付録としてＳＥＬに関する文献を掲載しました。文献に登場する現実と架空のキャラクターが直面している問題に取り組めば、学校で取り組んでいるＳＥＬプログラムで紹介されているアイディアを発展させる機会となります。また、各章の冒頭に掲載したエピソードの多くは、教師が物語や文章を価値のあるＳＥＬ教育の出発点として使用する方法を示したものとなっています。

ある研究グループは、(二七万人を超える、幼稚園年長組から一二年生を対象にした)二一三のSELプログラムのメタ分析を行い、学級担任によって行われるSELがとても効果的であることを示しています[参考文献36]。実際、教師によるSELの実施によって、調査した六つの要因すべてにおいて有意な結果が得られました。

SELのスキル(効果量=.62)――この要素では、「社会的手がかりによる感情の特定、目標設定、視点取得、対人関係上の問題解決、葛藤解決、および意思決定」に焦点を当てました。

自己および他者に対する態度(効果量=.23)――この要素には、「自己認識(自尊感情、自己概念、自己効力感など)、学校との絆(学校や教師に対する態度など)、暴力・人助け・社会的正義および薬物使用に対する従来の(すなわち、向社会的な)考え」が含まれていました。

向社会的な行動(効果量=.26)――このカテゴリーでは、「他者との良好な人間関係」に焦点を当てました(一〇ページ参照)。

問題行動(効果量=.20)――このカテゴリーには、「教室での破壊的行動、非行」を含む一連の問題行動が含まれていました。

---

(18)前述されているように、意識されることなく行われているという意味です。

感情的な苦痛（効果量＝.25）――このカテゴリーでは、「うつ病、不安、ストレス、または引きこもり」を含むメンタルヘルスの問題に焦点を当てました。

学業成績（効果量＝.34）――このカテゴリーには、「標準化された読解力、または算数・数学の学力テストのスコアや特定のクラスにおける成績」が含まれていました。


効果量とは、ある教育的介入によって得られる利益の程度や大きさを表すものです。学習効果に関連する教育の効果量は平均「.40」となっていますが〔参考文献56〕、教育者として私たちは、「平均以上」の行動、方法、または実践に焦点を当てています。(19)

たとえば、教室での話し合いの効果量は「.82」であるため〔参考文献56〕、実施効果は高いと注目されています。一方、留年は、負の効果量（マイナス.13）となることから批判され、敬遠されています。

教師がSELのスキルを教えるとき、いうまでもなく生徒はそれらを学びます（効果量「.62」）。SELのスキルを教えれば生徒の能力に直接影響を与えますので、この数値は当然となります。しかし、意図的に行われるSELは、人生だけでなくほかの側面にも間接的な影響を及ぼします。具体的には、態度、社会的行動、振る舞い、心理的なストレス、学業成績にプラスの影響を及ぼします。(20)

効果量「.40」の基準を用いれば、ＳＥＬのスキルを育成することに時間をかけて行うだけの価値があると分かるでしょう。ただし、ハッティ(21)が指摘しているように、効果量が「.40」未満であるから価値がないというわけではありません。結果としての学業成績に注目をしているわけですが、学校教育にはそのほかのとても価値のある結果を生みだしていると彼は認識しています。

もちろん、それに私たちも同感です。たとえば教師が、生徒自身のメンタルヘルス問題に取り組むための支援ができるというのであれば、おそらくそれは時間をかけて行うだけの価値があるでしょう。

アマンダという生徒は引っ込み思案で、よく不安感を抱くことがありました。彼女には友達がほとんどおらず、いかなる社会的活動への参加も拒んでいました。彼女は、週に二回精神科医との面談を受けるほか、週に三回はスクールカウンセラーにも会っていました。二人の専門家は、

---

(19)「.40」よりも高くなる場合は平均的な教育的介入より学習効果が高いことになるため、それよりも高いのであれば実施する価値があると判断できます。ただし、この判断基準が絶対的なものではないことは二三〜二六ページのとおりです。

(20)ＳＥＬのスキルを教えることで教育面以外でも効果量が正の値を示すのですから、とても価値があります。

(21)（John Hattie）「教育効果の可視化（Visible Learning）」で有名なジョン・ハッティのことです。

アマンダの不安感と人とのかかわりを回避する傾向を改善するために支援を行いました。

私たちは、「教師がメンタルヘルスの専門家に代われる」と言っているわけではありません。しかし、アマンダが通っている中学校の教師がSELを授業に取り入れはじめたところ、専門家のアドバイスを受けながら教室で彼女のニーズに対応できるようになり、アマンダは大きな進歩を遂げました。彼女は英語の授業で発表するようになりましたし、理科のグループプロジェクトにしっかり取り組んだほか、学校のダンス大会にも参加できたのです（その後、彼女は、「ほかの友達と一緒に話をして、十分楽しんだ」と振り返っています）。


ところで、効果量が「.40」ではないからといって問題行動の減少を望まない教師がいるのでしょうか。私たちの多くは、先ほどの研究グループ［参考文献36］が示した行動の減少を望んでいます。生徒の行動結果に対して単に懲罰を突きつけるのではなく、行動をコントロールする方法を教えれば、長期にわたって利益をもたらすのです。

私たちは、アレックスという、いつも課題から逃れて問題を起こしていた生徒のことを思い出します。長い間、彼は学校から懲罰を受け続けていたため、彼の母親でさえ中学校の教師に、「もう電話してこないで！　停学になったら、あとは私が何とかします」と言うほどでした。母親は、学校の先生と同じくらいアレックスへの対応に頭を悩ませていました。

しかし、アレックスが入学した高校の教師たちは、長期にわたってSELのスキルの介入に慣れていたため、学校を混乱させるアレックスの行動に戸惑うことはありませんでした。教師たちはアレックスに、彼自身の行動がクラスに与えている影響について話しました。

まず彼らは、サークル[22]を使用して、クラスの生徒が学習環境について話し合う機会を提供しました（彼が乱暴で破壊的だった最初の数か月間、クラスメイトに与える影響だけではなく、さまざまな問題について議論されました）。また、アレックスの担任教師は、いじめや仲間割れなどといった課題に直面したキャラクターが登場する本を選ぶ際に生徒たちを参加させました。声の大きさ、教室の入り方、気が散ったときの対処法など、生徒に期待することを教師が明確にし、それらの期待にこたえる練習機会を提供したわけです。

九年生の中盤になるとアレックスは、もはや学年のなかで目立った（悪い意味で）存在ではなくなりました。その変化について尋ねられたとき、アレックスは次のように答えています。

「そうです、今は別のことで注目されています。それに、僕はこの学校の先生が好きなので、彼らが困ることを望んでいません」

(22)　クラス全員が輪になって座り、話し合う場です。詳しくは、二〇〇〜二一〇ページを参照してください。

一〇年生になるとアレックスは、ほとんどの授業に集中して取り組んでいました。とはいえ、それでもうまくいかない日がありました。ガールフレンドと別れたときなどは、クラスにおける彼の行動は目に余るほどでした。しかし、英語教師は、「この子の何が問題なのか?」とは考えずに、「この子に何があって、なぜこのような行動をとるのか?」と考えて接したところ、アレックスが「失恋した」と教師に伝え、一緒になっていくつかの計画を立てました。

アレックスが一一年生になるころには、彼が問題を起こし、破壊的で無礼な行動をとっていたとは誰もが信じられないほどになりました。何人かの友達もでき、大好きなアルバイトにも励んでいました。そして彼は、警察の士官候補生のプログラムに参加し、「これが私の恩返しです」とまで言ったのです。

アレックスのお母さんも自宅における彼の行動変化に気づき、今では「これまで、いつも私と口論になっていましたし、妹ともケンカをしていました。今は、彼がそばにいてくれてとてもうれしいです。彼が大学に行くときに離れ離れになるのが本当に寂しいです」と言うほどまでになりました。

このような話の教訓は何でしょうか? それは、特定の教育的介入の効果量が「.40」未満であったとしても、対応や介入方法にはまちがいなく価値があるということです。

ＳＥＬと公平

ＳＥＬは、生徒一人ひとりがお互いに対して親切になり、学級活動に協力しながら取り組めるようになるだけでなく、市民活動にも参加できるようになるし、学校教育以上のものである、と強調することが重要となります。その理由は、ＳＥＬが教育面における公平の問題にもかかわってくるからです。

複雑な社会的状況を生き抜くために必要なコミュニケーションと自らの感情や行動を調整するためのスキルをもっていない生徒は、被害者または加害者（時には両方）になってしまうというリスクが高いです。こうした生徒は、しばしば学校や地域社会から疎外され、哀れみ、恥および屈辱を感じるとともに、社会的な罰に耐えることになります。生徒がＳＥＬのスキルを身につけ、学校が終わったあとの家庭生活を含めて一日中、そして生涯にわたってそのスキルを実践し、活用できるようなプログラムを学校は実施する必要があります。

ある生徒の行動の原因について、「教師がコントロールできない要因もある」という不満の声を耳にしたことがあります。たしかに、貧困、困窮、ネグレクト、虐待は、すべて生徒の学習能力に影響を与えます。しかし、そのような要因を消し去れない無力さは、何もしないことの言い訳になりません。私たちは、これらの現実を認識し、それらに対抗するために、積極的な指導に取り組めるのです。

また、本書で取り上げているスキルのなかには、「生徒の家庭や地域環境が反映されていないものがある」といった懸念の声を聞くことがあります。これらは、家庭では大事にされていないことを生徒に要求する権利が教師にあるのか、という疑問でしょう。次に示すのがその好例です。

私たちが働いている学校の中学生が、教室のドアを開けて、人種差別的な言葉を叫びました。そのことを問いただすと彼は、「家でその言葉を使うことが許されている」と主張しました。

この事件の事後指導では多くのことが行われました。たとえば、生徒の両親、生徒が尊敬しているアフリカ系アメリカ人のスタッフ、本人と対峙した教師、そして彼のクラスメイトを含めた、複数回にわたる「関係修復のためのミーティング」[23]などです。ただし、事件後の生徒との最初の会話は、「あなたは、状況に応じて自分の行動を変えられます」というものでした。たとえば、宗教的な礼拝所での行動はスポーツの試合のときとは異なります。同じように、一一歳の少年であれば、家庭と学校との違いをほかの人に伝えられるのです[24]。

SELを教科指導と学校の方針にうまく組み込んだ学校でも、偶然に達成できたわけではありません。学校のリーダー、教職員、家庭が、それを可能にするために意図的に協力してきたのです。関係者は、水面下で起こる厄介な問題に立ち向かいました。そして、彼らは、SELを授業や学校行事に組み込むために努力を重ねたのです。このようなことに取り組み、たくさんの課題に対処することは、学校に関係する大人たちがＳＥＬのスキルをもっている場合においてのみ可能です。[25]

統合したＳＥＬの枠組み

繰り返しになりますが、生徒に本気で学習してもらいたい場合や学習支援のために必要なことをしようとする場合、さらに正しい学習目標が主要教科の習得以上のものであると信じている場合は、意図的にＳＥＬを教室の中に存在させる必要があります。

特定のＳＥＬプログラムや市販のＳＥＬカリキュラムの長所や短所については、これまでもそ

---

(23)　起こってしまった問題に対して関係者が集まり、問題を解決・改善し、こじれた関係を元に戻すためのミーティングのことです。詳しくは『生徒指導をハックする』を参照してください。

(24)　これは、一つ前の段落で「家庭では大事にされていないことを生徒に要求する権利が教師にあるのか」という疑問に対する回答です。

(25)　これを主な目的にして書かれた本が『エンゲージ・ティーチング――ＳＥＬを成功に導くための五つの要素』（仮題・近刊）ですので、参考にしてください。

うであるようにこれからも議論は続きますが、本書における私たちの意図は、個々の良し悪しを超えた問題に取り組むことです。SELを導入する際にもっとも重要となるポイントは、どのプログラムやカリキュラムを使用するのかではなく、教師がSELの基本的な部分をどのようにして授業に統合するのか、となります。

統合されたSELに対する私たちのアプローチは、すべての生徒が毎日受ける教科指導と学年レベルのカリキュラムに組み込んだ形で実施されている「第一段階の取り組み」[26]の提供に焦点を合わせています。たしかに、トラウマを経験したり、困難な障害やメンタルヘルスといった問題を抱えている生徒を含めて、より集中的な介入を必要とする生徒が常に存在しています。これら援助ニーズが高い生徒には、適切な介入と専門家の活用が必須であり、通常の場合、第二段階および第三段階の取り組みが提供されています。

本書では、あなた（または同僚教師）がSELのスキル発達を意図的に促進するために使える教室での具体的な事例、ツール（道具）、および方法を提供していきます。私たちは、SELを教科指導に統合することが不可欠である、と主張します。さらに、フォローアップをほとんど必要としない独立したSELの授業が週に一回しか行われないようなアプローチをやめさせることも目指しています。

市販のプログラムを使用する場合でも、独自に開発したプログラムを使用する場合においても、

図1－1　統合したSEL

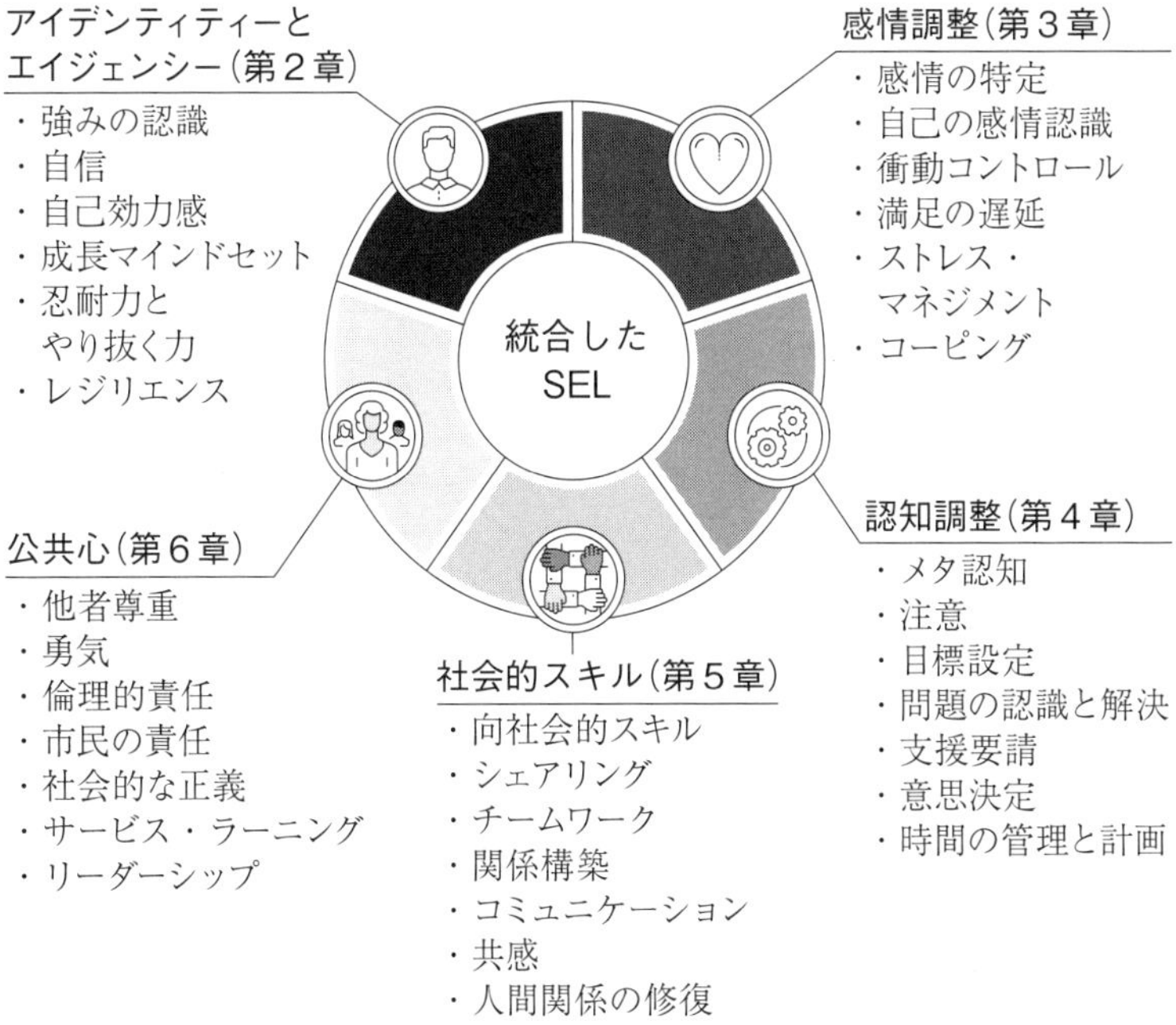

教科指導がもたらす多くの機会を利用して、教科指導と統合されたSELを実施する必要があります。また、私たちは、有意義なSELの取り組みを開始し、それを維持するために、学校が下さなければならないさまざまな決断についても第7章で取り上げます。

私たちは、SELに含まれる

(26)　最近、学校現場でよく耳にするようになった三段階の「心理的援助サービス」の一番目（一次的）となります。同じく、後掲されている第二段階、第三段階の取り組みは二次的、三次的な援助サービスとなります。

さまざまな能力やスキルを**図1－1**に示した五つの大きな概念に分類しました。ここではその概要を簡単に説明し、次章からそれぞれについて詳しく説明していきます。

アイデンティティーとエイジェンシー（主体性）

生徒のアイデンティティーの感覚は、学校内外での経験を含む無数の要因によって形づくられています。一方、彼らを取り巻く世界に影響を与える自らの能力に対する自信を表すエイジェンシーは、自身のアイデンティティーによって実質的に支配されています。生徒のアイデンティティーとエイジェンシーに寄与する要因は次のとおりです。

- 自分の強みの認識
- 何か新しいことに挑戦する自信
- 自己効力感、または自分を信じること
- 忍耐力とやり抜く力（グリット）に支えられた成長マインドセット
- 挫折から立ち直るレジリエンス（回復力）

感情調整

感情をうまく調整できるかどうかによって、生徒は大人やクラスメイトから評価されます。感情を調整するのに苦労している人は、他者との健全な人間関係を築いたり、維持することが難しくなる場合があります。感情調整に強く関連するスキルとして次のようなものが挙げられます。

・自分や他者の感情を特定して説明できる。
・他者の感情を特定するための第一歩として、自分の感情の状態を正確に認識する。
・衝動をコントロールし、満足する状態を遅らせることを学ぶ。(27)
・ストレスの感情を認識し、管理する（ストレス・マネジメント）。
・状況に応じた対処スキル（コーピング）を使う。

認知調整

学習は受動的なものではありません。知識とスキルを身につけるために、生徒はある種の習慣や心構えを身につけなければなりません。この領域は、私たちが毎日行う教科指導ともっとも密接に関連していますし、以下のスキルが含まれます。

・メタ認知
・注意の持続

(27)　将来の大きな報酬のために目先の小さな報酬を我慢すること（満足の遅延）です。

・目標の設定とモニタリング
・問題の認識と解決
・必要な支援の要請
・意思決定
・時間の管理と計画

社会的スキル

質の高い人間関係が築かれると生産的で前向きな協働が可能になりますので、学校内外における効果的な「やり取り」の基盤ともなります。生徒は人間関係を育み、維持し、修復するための方法を身につける必要があるわけですが、これには多くの大人による指導が必須となります。とくに、これらのスキルを身につけるためには、生徒は教えられるだけでなく、練習する機会をもつ必要があります。

・シェアリングやチームワークなどの向社会的スキル
・関係構築
・効果的なコミュニケーション
・共感（エンパシー）の育成と表現

・人間関係の修復

公共心

私たちが考えている教科指導と統合されたSELモデルの最後の側面は、民主的な生き方の基礎です。人々が公正に評価され、扱われる社会をつくって維持していくためにはこれが不可欠です。公共心は、人々が地域社会に貢献し、地域社会の一員となることで証明されると考えています。生徒の公共心を構築するのに役立つ主な概念は次のとおりです。

・他者尊重
・勇気をもって行動する。
・自分の倫理的責任を理解する。
・市民としての責任を認識する。
・社会的に公正な活動を通じて、ほかの人々の生活面での物質的な改善を追求する。
・サービス・ラーニング(28)
・リーダーシップ

(28)　地域において、生徒が意味を感じられる活動にある程度継続して取り組むこと、そしてその経験を学習活動として位置づけて行う学習方法のことです。詳しくは二六七～二七一ページを参照してください。

まとめ

すべての学習は社会的で感情的なものであり、これまでもSELのスキル育成に取り組むことは教師の仕事の一部となっていました。しかし、こうした働きかけは意図されたものではなく、学校において「隠れたカリキュラム」の一部となっている場合がほとんどでした。

教師の振る舞い、発言、表現する価値観、選んだ教材、そして私たちが優先するスキルのすべては、教室にいる生徒の考え方、自分の見方、他者とのかかわり方、自らの表現方法に影響を与えています。それだけに、SELのスキルを発達させることは、カリキュラムに追加や後付けをしたり、偶然に任せてしまうような軽微なものではなく、重要なのです。

教師と学校のリーダーに対して私たちは、学業面だけでなく、社会的・感情的にも、すべての生徒の成長を意図的に支援するように呼びかけています。生徒が家庭や地域社会に対して積極的に貢献しながら、生徒自身の自己実現が果たせるように、生徒に対してSELのスキルが身につくように支援する機会が私たちにはあります。

これ以上に重要なものがほかにあるでしょうか？

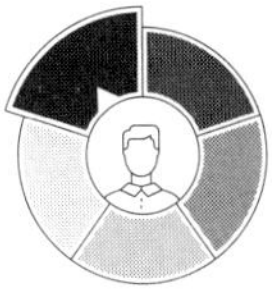

第2章 アイデンティティーとエイジェンシー

強みの認識、自信、自己効力感、成長マインドセット
忍耐力とやり抜く力、レジリエンス

セナイダが、さまざまな言葉、数字、記号が書かれた難しい数学の問題を解いていました。彼女は、以前にも同じような体験をしたことがあります。彼女の担任であるローランド・クルス先生は、頻繁に中身の濃い課題を使って、生徒を複雑な数学的思考に引き込んでいます。クルス先生は、生徒のエイジェンシー（主体性）の感覚を磨くために、辛抱強く課題に取り組む力を養うことが重要であると考えています。

また先生は、学習者として自己効力感をもったアイデンティティーを身につけてもらいたいとも考えています。これがほかの教科で強化されれば、生徒にとても役立つライフスキルが身につくからです。

難しい問題を目の前にして、セナイダが少し時間をとります。その後、問題用紙を裏返し、目を閉じて深呼吸をします。目を開けると、彼女は問題用紙を表に戻して読み直します。クルス先生の[1]授業において彼女は、ほかのクラスメイトと同じように小さな声を出しながら考えることを学び、必要に応じてクラスメイトや教師からの支援が受けられます。静かにセナイダが口を開きました。

「この問題を読んで、私はストレスを感じています。解けないと思って、少し不安です」

　彼女は少しだけ間を置き、もう一度深呼吸をしました。

「私には解けそうにありません。恥ずかしい思いをするのではないかと心配です……そして、お母さんががっかりすることも……」

　セナイダの独り言（考え聞かせ）を聞いていたアンソニーが身を乗りだして言いました。

「問題用紙を教科書の下に隠して、課題が尋ねていることを視覚化してみるといいよ。問題が何であるかと考えてみるんだ」

　セナイダは言われたとおりにしました。数学の教科書の下に問題用紙を隠し、再び目を閉じます。そして、人差し指をこめかみに置きます。この動作はクルス先生から教えられたサインで、深く考えている途中であり、まだ助けを必要としていないことを示しています。

　再び目を開けたセナイダが言いました。

「まず、外周を把握する必要があると思います。それが分かれば、プールサイドの通路がどれだけで、そしてプールを設置するためにどれほどのスペースが必要なのかが分かります」

教科書の下から問題用紙を取りだして、彼女は再び課題を読み直しました。今度は、問題文のポイントに下線を引いたり、丸で囲んだりしたほか、自分の考えもいくつかメモしました。次に図を描き、それぞれの部分に必要な名称を記入しました。しばらく課題に取り組んだあと、見上げるような仕草でアンソニーに向かって言いました。

「ありがとう。課題を解決するためには、自分が何を知っていて、何ができるのかを思い出す必要があったわ」

◇◇◇◇◇◇◇◇◇◇◇◇◇◇◇◇◇◇

個人的アイデンティティーとエイジェンシーの感覚は、私たちが生きるうえにおいて感情面の基礎となるものです。人間として、自分自身をどのように見ているのか、そして身近な世の中に働きかける能力をどのように信じているのかについては、日々の暮らしのすべてに影響を与えます。

（1）「考え聞かせ」と言います。頭の中で考えていることを口に出すという、メタ認知の練習になるとても効果的な方法です。詳しいやり方については『読み聞かせは魔法！』を参照してください。

エイジェンシーとアイデンティティーは、安定したものにも不安定なものにもなります。状況や環境、そして（セナイダが気づいたように）周りの人々や直面している課題によって、プラスとマイナスの影響を受けます。生徒のアイデンティティーとエイジェンシーは、（意図的かどうかは別にして）教師の言葉と行動によって形づくられていきます[2]。

教師として、生徒のアイデンティティーとエイジェンシーの発達に意図して注意を向けることは、生徒の学びとその成果（成績や学力・訳者付記）の基盤となるため有益となります。自信がない生徒は、知的なリスクを冒す可能性が低くなります。エイジェンシーの低い生徒は、学習の歩みを変えるために自分にできることがあるとは理解しません。生徒のアイデンティティーとエイジェンシーへの働きかけは、学業と彼らの成果に効果をもたらすのです。

アイデンティティーとエイジェンシーの定義

私たちはみんな、世の中に対する影響力について自分なりの考えをもっています。アイデンティティーとは、自分が誰であるかを理解することです。つまり、自分の特性、他者との関係における自分自身の見方、自らの長所と短所の認識です。これは、私たちが世の中と自分自身に対して語る「自分の物語」です。

一方、エイジェンシーは、自信をもって自立した方法で行動する能力であると説明できます。エイジェンシーについての感覚は自信に影響を与え、否定的な出来事に直面したときには回復力（レジリエンス）に貢献します。

アイデンティティーとエイジェンシーは、どちらも性別、人種、性的指向、文化、社会経済的地位、経験などといった不変なものと流動的なものから影響を受けます。

前述したように、アイデンティティーは不変ではありません。それは継続的に形づくられるものであり、生涯にわたって自らのなかで更新していくからです。経験は、自分自身を語る物語と同じように、アイデンティティーに大きな影響を与える可能性があります。たとえば、言葉遣いによって、トラウマのある人物への対処方法がどのように変化するのだろうかと考えてみてください。

彼らは、虐待の「犠牲者」ですか？　それとも、虐待からの「生存者」ですか？

アイデンティティーは、他者とのかかわりを通じてさらに理解が深まります。私たちは、他者がかざす鏡を使って自己の概念（イメージ）を構築します。他者がどのように反応するのかを観

（2）　これをテーマにした本が、四二ページで紹介されているピーター・ジョンストンの『言葉を選ぶ、授業が変わる！』です。この本では、アイデンティティーとエイジェンシーも扱われています。

察し、彼らが私たちを説明するために使う言葉に耳を傾けます。要するに、家族や友達は、学校での経験と同じく、アイデンティティーの形成に大きな影響を与えるのです。

もちろん、教師の言動も生徒のアイデンティティー形成に大きく関係しています。ニューヨーク州立大学の名誉教授であるピーター・ジョンストン（Peter Johnston）は、「教師は、自分の言葉を使って意味のある役割意識を提供したり、それに向かって背中を押したりすることができる」と述べています［参考文献68］。(3)

また、私たち教師は、無意識のうちに生徒のアイデンティティーに悪影響を与える可能性もあります。私たちが観察した一年生の教師は、オンラインで行う読解練習プログラムを実演していました。このプログラムは、生徒の読解力を評価し、現在のパフォーマンスレベル（読み手のレベルを示すもので、A〜Dは幼稚園児、E〜Jは一年生、K〜Mは二年生、N〜Pは三年生となっています・訳者付記）に基づく読解の課題を割り当て、繰り返し読解練習を行うというものです。

しかし、課題の完了方法を生徒に示す際、クラスで読解力が最下位であった生徒のアカウントに教師がログインしてしまいました。名前とともに彼女の読解レベルがスクリーンに映しだされ、「レベルB」であることが明らかになったのです。それを見たクラスメイトが、「あの子本当にBなの？」とか「本当に低い。私はMだけど、Bは本当に悪すぎ」とささやきはじめたのです。

読解スコアが表示されてしまった生徒は、数週間にわたって、このプログラムを使っての練習を嫌がりました。不幸にも、教師の行動が「自分は読むのが下手で、みんながそのことを知っている」という新しいアイデンティティーをつくりだしてしまい、クラスメイトとの関係を傷つけてしまったのです。

エイジェンシーは人の行動や運命を決める能力を表すため、必然的にアイデンティティーと関係してきます。アイデンティティーと同じように、エイジェンシーの感覚は他者との関係のなかで構築されていきます。生徒の社会的なネットワークには、家族、友達、学校、地域などが含まれ（これらは、「ソーシャル・キャピタル［人間関係の資本ないし蓄え］」と呼ばれます）、生徒のエイジェンシーの感覚に影響を与えます。

強いソーシャル・キャピタルをもっている生徒は、彼らがもつ人間関係のネットワークによって感情的・精神的な安心が維持されるため、自立に対する感覚を獲得します。これによって、問題解決に向けて努力したり、解決策をいろいろ試したりするなど、授業で予想されるリスクを負いながらも、新しいことにチャレンジするための安心感が十分に抱けるのです。

（3）　この日本語訳が前掲した『言葉を選ぶ、授業が変わる！』です。その続編である『オープニングマインド』と『国語の未来は「本づくり」』でもアイデンティティーとエイジェンシーを扱っていますし、とくに後者はＳＥＬをベースにした実践となっています。

一方、ソーシャル・キャピタルが弱い生徒は不安を感じます。彼らは孤独で無防備であると感じるため、（大ざっぱな憶測による）危険な行動に走ったり、必要なときに行動しないといった可能性があります。彼らの場合、何もできなくなったり、怒りを感じたり、他人を責めたり、あるいは攻撃をするかもしれません。ただし、結果を得るための道筋を教師が生徒に示すことができれば、より確かなエイジェンシーの感覚に導けます。

クラスメイトほどの学力がまだなく、否定的に自分を他者と比較するといった癖のある九年生、ドゥリューについて考えてみましょう。

彼は自分のことを有能だとは思っていなかったので、授業で課題に直面すると簡単に諦めていました。その行動は、「怠惰でやる気がない」(4) ことを示すものとして複数の教師の目に映っていました。この言葉は、彼が八年生のとき、英語教師が通知表の所見欄に実際に書いたものです。しかし、ドゥリューが高校に入学した途端、状況がガラリと変わりました。その学校は、ＳＥＬを各教科に統合した形で実施しており、ルス・アヴィラ先生がこの試みに対して真剣に取り組んでいました。

アヴィラ先生は英語を教えています。ドゥリューは、先生が配布したジョージ・オーウェルの『動物農場』（新訳版・山形浩生訳、ハヤカワepi文庫、二〇一七年）の最初の数章を取り上げた作文課題を読んだとき、机に突っ伏しました。それに気づいたアヴィラ先生がドゥリューに声をかけると、彼は正直に「難しすぎます」と静かに答えました。

「何とか本を読んでいるのですが、『矛盾』が何なのか、その言葉の意味が分かりません。オーウェルが何を言おうとしているのかが分からないので、読みたくありません」

アイデンティティーとエイジェンシーに課題のある生徒にとっては、難しい問題が挑戦を諦めるきっかけになる可能性があると理解しているアヴィラ先生は、ドゥリューと気さくな会話をはじめ、本の内容についていくつか質問をしていきました。

・第1章と第6章の間で、動物たちが変化したことは何ですか？
・ナポレオン（登場する若い豚）は、どのようにしてより大きな権力をもつようになりましたか？
・ナポレオンがほかの動物たちに、スノーボール（登場する若い豚）が風車崩壊の原因であると言ったのはなぜですか？
・ナポレオンが犬たちに自分の護衛をさせているのは、なぜですか？

（4）アメリカでは八年生が中学の最終学年で、九年生は高校の最初の学年です。そして、一二年生までの四年間が高校生と決まっていますので、九年生を中学三年生とするわけにはいきません（ちなみに中学校は、教育委員会によって、七～八、六～八、五～八、小中一貫などさまざまです）。したがって、通しの学年表示とします。

ドゥリューはこれらすべての質問に答えることができましたし、まるで会話を楽しんでいるような表情をしていました。アヴィラ先生が次のように指摘しました。

「あなたが、この本をよく理解していることが分かりました。独裁者がどのように成長していくのか、本当に興味深いアイディアがいくつかありました。あなたが言うように、それはゆっくりと起こり、より多くの動物がナポレオンに答えを求めなければなりませんでした」

ドゥリューのこの知識を使って課題に答えるように、と先生は提案しました。そして先生は、「文を分解して、一緒に課題を考えてみたらどうですか?」と言いました。その瞬間、先生はドゥリューに対して、単に学習支援をすることから感情面まで支援しようと転換したのです。

ドゥリューは、「本当に知りたかったのは『矛盾』という単語の意味である」と告白しました。「その単語を見たときに行き詰まってしまい、意味を知らなかったので失敗すると思ったんです」

これが真実です。課題の一つでしかない単語の意味と同じくらい些細なことが、かぎられたエイジェンシーの感覚しかもたない生徒の思考を止めてしまうのです。しかし、ドゥリューのような生徒と話をし、エイジェンシーが脅かされているタイミングを見極めるために注意深く聞きだせば、彼らの思考を再開させる方法が示せるのです。

強みの認識

自分に合った学習方法や学習スタイルを、すべての学習方法のなかから選ぶのが有効である、という証拠はほとんどありません〔参考文献121〕。運動感覚や聴覚の優位者であるかどうかを生徒に尋ねればより良い教え方に役立つという証拠や、生徒の学習スタイルに合わせた指導がそれ以上の知識を獲得する可能性が高いという証拠もありません。では、生徒自身の強みが認識できるように支援する教師に対して、私たちがアドバイスすることにはどのような意味があるのでしょうか？

生徒に試したい簡単なテストがあります。まず、ある教科について考えるようにと求めます。そして、「あなたは、この教科のどの単元がまったく分からないのですか？」と尋ねます（時には、「どこが苦手ですか？」と丁寧に尋ねます）。私たちは、この質問に対して自分の苦労や失敗をたくさん挙げられなかった生徒に会ったことがありません。

次に、「同じ教科で、あなたの強みは何ですか？」と尋ねると、少数の回答しか得られませんでした。無表情で何も答えないという生徒もいました。

四年生のアーロンが、まさにその一例と言えます。

「僕は算数が苦手です。九九が苦手で、分数も大してできません。答えをよくまちがえるのです。父は、そのことでとてもイライラしています」という言葉に続けてアーロンは、成績が悪かった算数の単元についてはたくさん示せました。そして、アーロンに算数の強みを聞いたところ、肩をすくめて次のように答えました。

「すでに言ったように、僕は算数が苦手です。でも、マインクラフトは得意です」

　生徒が自分の失敗を容易に指摘すること、それ自体は驚くべきものではありません。教師（そして、正直なところ親）として私たちは、生徒の短所、できないところ、そして欠点に注目するといった傾向があります。その理由は、介入する必要があるところ、支援できるところを見極めようとしているからです。また、失敗は学習の機会であると生徒に理解してもらいたいので、新しい学習に導くためにもまちがいを強調してしまう傾向があります。

　しかし、肯定的なアイデンティティーの発達とエイジェンシーを支援するために、私たちは生徒の強みと、生徒が示す成果の証拠を強調する必要があります。[5] そのための方法の一つとして、フィードバックがあります。ハッティ（二三ページ参照）とその同僚がフィードバックについて分析したところ、教師（および親やクラスメイト）が四種類のフィードバックを使っていることが分かりました［参考文献57］。

修正フィードバック——これは、課題自体（つまり、課題に対する生徒の反応や出した答えが正しいか、あるいはまちがっているかといった応答の正確さ）についてのフィードバックです。理由は明らかですが、生徒が強みを見いだすためにはあまり効果的ではありません。

課題処理の過程に関するフィードバック――これは、生徒が課題に取り組んだ方法に焦点を当てています。この種のフィードバックは、生徒の努力や使った方法の選択、集中力、忍耐力、進歩などといった強みを認識するのには有効な方法です。これは、「私は○○が苦手です」に代表される、アイデンティティーに関連する課題にアプローチする際にも非常に効果的な方法となります。

自己調整に関するフィードバック――これは、特定の状況における感情や行動を管理する生徒の能力に焦点を当てています。この種のフィードバックは、強みを認識することを助ける有効な方法です。生徒の行動、選択、および反応を認識するために使用され、エイジェンシーの感覚が高められます。

個人に関するフィードバック――これは、個人の性格や特性に対する称賛に焦点を当てたものです。この種のフィードバックが効果的であることは滅多にありません。とくに、「いつも頑張っ

（5）　協力者から「極めて重要で、かつ教師や親であれば、誰もが納得できることを述べていると思います」というコメントが届きました。

ているね」や「あなたは頭がいいね」などといった漠然とした称賛の場合はなおさらです。称賛が悪いとは言いませんが、フィードバックと混同しないように注意してください。称賛の場合、フィードバックとは異なって、次にすべきことのヒントや生徒が成功した理由に関する情報を与えることはありません。

ここに挙げた四種類のフィードバックは、すべて学習場面において使えるものですし、また使うべきものであることに留意してください。ここで強調したいのは、教科学習のなかにおいてこれらを適切なタイミングで使いこなすことが、ＳＥＬのスキルを磨くことと既存の教科指導とを統合する方法になるということです。**表２－１**は、四種類のフィードバックの例を示したうえで、ＳＥＬと教科内容の習得を同時に扱う場合の有効性について整理したものです。

フィードバック以外にも、生徒が自らの強みを見いだす方法があります。たとえば、ジェニファー・ヘレーラ先生は、一年生の教室において、学習教材のマネージャー、テーブル・キャプテン、テクノロジー・サポート、ランチ・カウンターなど、さまざまな役目を順番に割り振っています。彼女は三週間にわたるローテーション後に生徒と話し、とくにうまくいった彼らの職務遂行能力を特定します。ヘレーラ先生が、私たちに次のように伝えてくれました。

「生徒には、自分が本当に得意なことと、改善するために努力しなければならないことを知って

表2－1　フィードバックの種類と有効性

フィードバックの種類	例	有効性
修正フィードバック	「本の準備ができたら着席してください」 「それをパートナーと共有してください」	学習内容のまちがいに対処する場合には効果的ですが、生徒が知識やスキルを欠いている場合は効果的ではありません。また、問題行動の修正にも効果的ではありません。
課題処理の過程に関するフィードバック	「諦めたり、気を散らしたりすることなく、課題に12分間集中していました」 「傾聴を実践していたとき、どれだけ多くのことを学べたか気づきましたか？」	生徒が実際に使っている、または使うべき認知スキルやメタ認知スキルを評価（強化）するためにとても効果的です。
自己調整に関するフィードバック	「あなたは自分のグループに不満を感じているようでしたが、フィードバックを与え、全員の軌道修正に役立ったようですね」 「あなたは科学実験での自分のアイディアに興奮していましたね。でも、チームのメンバーにもアイディアを共有してもらうために、少し我慢しているようでした。ほかの人よりも早く理解したにもかかわらず、あなたはチームを独り占めせず、メンバーに理解する時間を与えていました」	生徒が自分の能力や行動、知識を自己評価するのに役立つため、とても効果的です。
個人に関するフィードバック	「よくできました」 「あなたは何てよい子なんでしょう」	課題の具体的な情報が得られないため、効果がありません。

もらいたいのです。その役割を本当に理解しているのかどうかを確認するために、私は生徒に数週間、仕事を続けてもらっています。何といっても私は、将来、彼らが自らのためにはっきりと主張できるように手助けをしたいのです」

マイケル・ペレス先生も同じく、生徒が強みを見いだせるように支援しています。彼の六年生のクラスでは、主要な課題ごとに、生徒が学習の一環として練習できる強みのチェックリスト（全二〇項目）を作成しています。たとえば、古代中国が世界に貢献した内容に関する授業では、次のような自己評価項目が含まれていました。

・私は、答えを言わずにクラスメイトを助けられる。
・私は、読んだ内容を分かりやすく要約できる。
・私は、グループが課題を終わらせるための時間管理ができる。
・私は、アイディアや概念を分かりやすく説明できる。
・私は、指示に従い、ほかの人にその指示の説明ができる。
・私は、誰もがグループで話す機会が与えられるようにできる。

これらの項目は、生徒のアイデンティティー感覚を高めるのに役立っています。とくに、エイジェンシー育成のために作成されているところに注目してください。また、ペレス先生は「育てたい強みを一つ特定するように」と生徒に言い、その成長に向けた計画を生徒と一緒に作成しています。こうした成功の基準を用いれば、生徒に学習目標を提供するだけではなく、生徒がそれらを追究し、達成できるようにエンパワーできます（一九ページの注参照）。

九年生の国語教師であるジョン・イ先生の単元評価では、テストの最後に、「この単元について、テストで質問されなかったことで私が知っているのは……」という見出しが書かれた一枚の用紙を渡しています。生徒たちは、単元に関連する内容を自由に記入でき、テストの成績に加点される可能性もあります。イ先生は、「私は、生徒の理解の深さとほかの概念との高度な関連づけにいつも驚かされています」と私たちに語ってくれました。

生徒たちには、内容の習得を示せば追加点が獲得できるというメリットがありますし、イ先生は、生徒が提供する回答を参考にして、評価の仕方を毎年改善しています。彼は、「自分をより良い教師にしてくれるのは、生徒の気づきや発見である」と言って生徒に感謝しています。

自信

詩人のE・E・カミングス（Edward Estlin Cummings, 1894～1962）が言った「一度自分に

自信がつくと、人は好奇心や驚き、自発的な喜び、あるいはさまざまな感情が湧きあがるような物事に思い切って取り組めます」という言葉は広く引用されています。本気で学習に取り組むために、生徒は自分自身を信じる必要があります。そして、教師は、生徒が自信をもつように手助けをしなければなりません。

このようなこと書いていると、ある高校の一二年生だったアハメドという自信に満ちあふれていた生徒を思い出してしまいます。

アハメドを「生意気で傲慢だ」と言う人もいれば、「常に自分の自慢話をするので遠ざけている」と言う人もいました。実は、アハメドは自らの能力に自信過剰気味で、そのことが学習において厄介な影響を及ぼしていました。

彼は、教師を含めた他人の知識を軽視していました。クラスメイトよりも勉強に費やす時間は少なく、学習意欲も低い感じでした。アハメドの自信過剰がもたらす結果は、ある研究者の調査結果と一致しています［参考文献35］。その調査報告では、自信過剰気味な生徒は他者の考えを受け入れることに抵抗があるため、学習の到達度が低いとなっていました。

一方、自信のない生徒は、課題に取り組む際、能力や忍耐力などといった内部にある自らの力を疑っていると同時に、教師の指導など、外部に存在するリソース（資料や資源）の有用性にも疑問を感じています［参考文献144］。

表２−２　自信のある人の行動

自信のある人の行動	自信のない人の行動
からかわれたり、批判されたりしても、自分が正しいと信じていることをする。	ほかの人の考えを気にしているので、無難な方法で行動する。
合理的なリスクを冒し、より良いことを達成するために、努力することをいとわない。	自分の居心地のよい場所にとどまり、失敗を恐れ、リスクを回避する。
自分の過ちを認め、それらから学ぶ。	間違いを隠すために一生懸命になり、誰かが気づく前に問題が解決できるように望んでいる。
自分が達成したことを他人に自慢しない。	自分が達成したことを、頻繁に、できるだけ多くの人に話す。
褒め言葉を丁寧に受け入れる（「ありがとう、私はその小論文を書くのに本当に一生懸命取り組みました。私の努力を認めてくれてうれしいです」）。	褒め言葉をぶっきらぼうに却下する（「その小論文は大したものではありません。誰にでも書けたはずです」）。

（出所）Adapted with permission from Building Self-Confidence: Preparing Yourself for Success! by MindTools; https://www.mindtools.com/selfconf.html で検索。

自信は、目に見える行動で証明されます（**表２−２**を参照）。本当に自信のある人は、自分が達成したことをわざわざ他者に話しません。また彼らは、失敗が学習の機会であることを知っていますので、正直に失敗を認めます。自信をもっている人は褒め言葉を受け入れ、その評価を否定せず、目標達成に役立つであろう、内部にもっている力や外部のリソースを正確に認識しています。

自信はレジリエンスと関連しており、感情的虐待、ストレス、トラウマに対処する予防要因ともなります［参考文献148］。アメリカに移住してきたばかりの生徒も、家庭と学校という異文化空間でうまくやっていくために自信を活用しています［参考文献149］。

自信がどこから来るのかと、考えるだけの意味があります。人によって異なるほか、領域によっても異なります。つまり、自信は課題によって異なるということです。

誤った称賛（つまり、達成レベルを超える称賛）は、学力向上を可能にするための自信をもたらしません。一方、効果的な教師のフィードバック（五一ページの**表2－1**参照）や「マイクロ・スキル・レッスン」[6]［参考文献90］などの適切に構成された学習課題は、生徒が内部にもっている力や外部のリソースに対して、自信を正確に測定する際に役立ちます。また、協力的なクラスメイトが自信の向上を促進するという証拠もあります［参考文献83］。

生徒に自信をつけさせるための教師の行動に関する研究論文を調査したある研究者は、「教師は次のことを行うように」と推奨しています［参考文献91］。

・知識を深めるだけではなく、自己概念を促進するような学習会話に取り組むように生徒を促す。
・生徒が自分の考えを説明し、主張する理由や根拠について議論する活動を計画する。
・すべての授業に、自分の感情や行動をコントロールする自己調整の活動やメタ認知的活動（第4章を参照）を組み込む。

・生徒との対話的なフィードバックに取り組む。(7)

エラン・ラモス先生は、エレノア・ルーズベルト(8)の「あなたの同意なしに、誰もあなたに劣等感を抱かせることはできない」という言葉を教室に掲示しています。

ラモス先生は、生徒が難しい課題に取り組む前や生徒同士でフィードバックを提供しあう前に、この言葉をよく紹介しています。また彼は、授業の一部として定期的に、「自信」に焦点を当てた授業を行っています。

たとえば、私たちが教室での話し合いを観察したとき、ラモス先生は生徒が発表を行う際、「集中して落ち着く方法を話し合うように」と促していました。そして彼は、「人前で話すときは、私たちが毎日使っていないスキルが必要になります。落ち着いて、自信を維持するために、できることをリストアップしましょう」と言いました。これは、成功要因となる自信の問題に取り組むための直接的で意図的な活動です。生徒たちは、自信が損なわれたと感じたときに使える方法をリストアップしていました。

---

(6)効果的な学習を促すフィードバック技法の一つです。

(7)これら四つの点については『学習会話を育む』が参考になります。

(8)(Anna Eleanor Roosevelt, 1884～1962) 第三二代大統領フランクリン・デラーノ・ルーズベルトの夫人です。

ＳＥＬを日常の指導に統合する取り組みの一環として、生徒の自信の程度を観察すること（意図せず、誰かの自信を損なわないように）、教師が使う言葉に注意すること（ラモス先生のように）、そして、自信をつけて維持するために使える方法を生徒に提供する必要があります。

自己効力感

自己効力感は、行動を起こし（エイジェンシー）、課題に取り組み、目標達成ができるという自分の能力を信じる度合いを示すものです［参考文献8］。自信に影響を与えると同時に、自分のもっている知識やスキルの総体によって影響されます。

自己効力感が学習に与える影響を理解するうえでの課題は、研究者たちが「ニワトリが先か、卵が先か」と呼んでいる双方向的な関係のようなもので、「信じているから達成するのか、達成するから信じるのか」となります［参考文献146］。「達成するから信じる」という考え方は、完全習得学習[9]と個別の目標設定（第4章を参照）を使えば教室で促進することが可能です。完全習得学習を志向すれば、他者と比較するといった必要性が減るため自信を高めるのです。

学習面の向上と目標達成に対する自信に、教師はどのような影響を与えられるでしょうか。自己効力感における重要な要素は、課題が「自分の能力の範囲内にある」と信じることです。その第一歩は、ほかの誰か、とくに自分に似た誰かがうまく課題を完成する様子を見ることです。そのため、さまざまな課題に取り組んでいる生徒の短いビデオクリップを編集し、成功の秘訣を強調すれば、効果的に、短期的な課題達成と長期的な自己効力感が向上します。

たとえば三年生のある教師が、昨年の状況とそれらの知識を使って現在できる内容について、書面またはビデオに記録した感想を共有すれば、今年のクラスにおいてかけ算のマスターに自信をもつための手助けとなる場合があります。物理の教師であれば、太陽電池式小型車の製作という創造的で反復的なプロセスを段階的に進めているチームの写真を実験室の壁に貼っておけば、ほかの生徒は参考にするでしょう。

また、自分を信じるというメッセージが込められた本を選べば、文学を通して自己効力感が育めます。『アメージング・グレイス』（小学生向け・未邦訳）〔参考文献61〕や『キリンはダンスを踊れない』（幼児向け・まきの・M・よしえ訳、ＰＨＰ研究所、二〇〇九年）〔参考文献３〕などの本は、できることとできないことのイメージが受け入れられないキャラクターを紹介しています。高学年の生徒であれば、いじめや人種差別に立ち向かい、自分の意見を表明する女性の主人

（９）　個人に応じた指導を行って、すべての生徒に一定の学力を保証する学習方法です。

公を特集した『The Skin I'm In（皮膚のなかの私）』［参考文献46］のような本を読めば自己効力感について考えられます。

繰り返しになりますが、言葉遣いに注意すれば生徒の自己効力感を高めるのに役立ちます。高校の数学教師であるフリーダ・ゴメス先生は、「『まだ』のパワーは強力です」と説明したうえで、「授業のコンセプトの多くは知的好奇心をかきたてるものである」と指摘しています。

「数学に対する自己効力感が低い生徒がいます。彼らが『できない』と言うのを耳にすると、私はいつも彼らに、『あなたは〝まだ〟できないだけです。だから、私（教師）がいるのです』と言っています」

成長マインドセット

マインドセットとは、基本的に人がある課題に対して抱く態度のことです。たとえば、私たちは全員、運動に関するマインドセットをもっています。ある人にとっては必要悪であっても、生活に不可欠なものであると感じている人もいます。さらに別の人にとっては、絶対に避けるべきものとなっているかもしれません。

すべての行動の根底には、私たちのマインドセットがあります。「運動は必要悪である」と信じている人は運動することで喜びを感じませんが、それでも運動をする場合があります。一方、「運動は不可欠である」と考えている人にとっては、日課としてトレーニングが組み込まれていますし、楽しいものとなっています。さらに、そういう考え方をもっている人は、その目標と成功体験について話す機会が多くなるでしょう。

教室においてマインドセットが学習に適用されると、アイデンティティーやエイジェンシー、および自己効力感の形で表れます。スタンフォード大学心理学教授のキャロル・ドゥエック（Carol S. Dweck）が著したベストセラー『マインドセット「やればできる！」の研究』（今西康子訳、草思社、二〇一六年）によって、多くの教育者に対して「固定マインドセット」と「成長マインドセット」という考え方が紹介されました。

ドゥエックによれば、固定マインドセットをもつ人は、知性や才能を含む基本的な資質が変わらないし、変えられないという特性がある、となっています。才能だけが成功を生みだすと信じており、彼らは新しいものを習得するための努力を軽視しているわけです。

彼らにとっては、「それを得るか得ないか」のどちらかしかありません。そして、それが何であれ、手に入らなければ諦めます。固定マインドセットをもつ人は、「成功するか失敗するか、賢く見えるかバカに見えるか、受け入れられるか拒否されるか、勝者か敗者か」という基準での み物事に取り組んでいます［参考文献38］。これらの自己疑惑ともいえる基準は自信と絡みあっており、他者との比較に基づいたものとなっています。

一方、成長マインドセットをもっている人は（**図2－3**を参照）、集中的な努力、熱心さ、そして頑張る度合いによって基本的な能力を伸ばせると信じています。彼らは、失敗は知性や才能によるものではなく、一時的なものであり、克服すべきものと考えてやり抜いていきます。ドゥエックが次のように述べています。

「うまくいかないときでさえ（または、とくにうまくいかないときこそ）、最大限の努力をして突き進むという情熱が成長マインドセットの特徴です。これは、人生においてもっとも困難な時期ですら、目標に向かって前進することを可能にするマインドセットです」［参考文献38］

とはいえ、エンジェル、アリアナ、カルロスが固定マインドセットをもっていて、アンドゥリュー、ヘクター、チャスティティーは成長マインドセットをもっていると言えるほど単純なものではありません。また、現実的には、私たち全員（すべての生徒）が固定マインドセットと成長マインドセットをもっているのです。

マインドセットは、教科、テーマ、経験、過去の成功、および環境要因に基づいて変化します。たとえば、読書に対しては成長マインドセットをもっているにもかかわらず、同じ本でも理解するのが難しくなると固定マインドセットになってしまうという場合があるように、どちらか一方だけということはありません。

図２－３　固定 VS 成長マインドセット

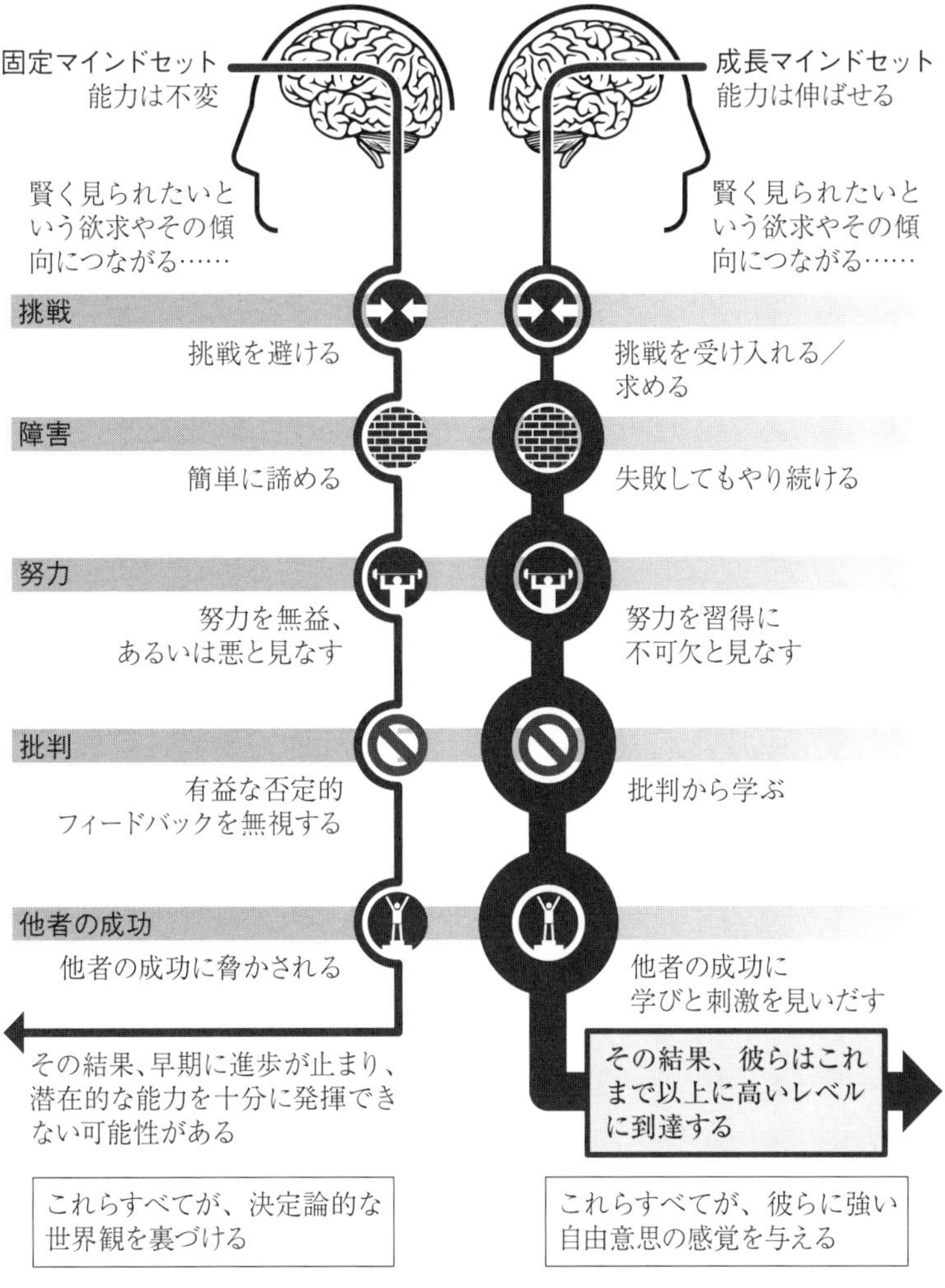
固定マインドセット
能力は不変
成長マインドセット
能力は伸ばせる
賢く見られたいという欲求やその傾向につながる……
賢く見られたいという欲求やその傾向につながる……
挑戦
挑戦を避ける
挑戦を受け入れる／求める
障害
簡単に諦める
失敗してもやり続ける
努力
努力を無益、あるいは悪と見なす
努力を習得に不可欠と見なす
批判
有益な否定的フィードバックを無視する
批判から学ぶ
他者の成功
他者の成功に脅かされる
他者の成功に学びと刺激を見いだす
その結果、早期に進歩が止まり、潜在的な能力を十分に発揮できない可能性がある
その結果、彼らはこれまで以上に高いレベルに到達する
これらすべてが、決定論的な世界観を裏づける
これらすべてが、彼らに強い自由意思の感覚を与える

（出所）キャロル・ドゥエックの許可を得て転載：「二つのマインドセットと改善できると信じる力」
Original graphic by Nigel Holmes. Copyright 2015 by Carol Dweck.

忍耐力とやり抜く力（グリット）

忍耐力とは、難しくてもやりがいがあるものに挑戦を続けるという意欲である、と考えられています。やり抜く力とは、これを分かりやすく表したもので、目標に向かって粘り強さを示す方法や、「目標達成のためにほかの多くのことを諦め、何年にもわたってその目標に誠実であり続ける深いコミットメント[10]を示す」能力が含まれます［参考文献119］。

生徒は、楽器を演奏したり、スポーツに取り組んだり、学業で優秀な成績を収めるなど、長期的な目標に向かって努力をするときに「忍耐力」と「やり抜く力」を使っています。教科学習には、この忍耐力を養う機会がたくさんあります。たとえば、解くのに時間がかかってしまう中身の濃い算数・数学の問題がいかに忍耐力を促進するのか、あるいは、ある研究者が「難問に立ち向かう人」［参考文献14］と呼ぶ存在になるのかについて考えてみてください。

このような忍耐力とやり抜く力をもった人物に出会ったときの影響力を過小評価してはいけません。粘り強さとロールプレイに関する研究［参考文献156］において研究者は、四歳から六歳の子どもに対して、退屈で、繰り返しの作業を伴う「コンピューター課題に取り組むように」と求めました。研究者は同時に、もし休憩したい場合のことを考えて、（とても魅力的な）「ビデオゲームをする」という別の選択肢を提供しました。その結果、『ドーラといっしょに大冒険』(11)や『バットマン』のような粘り強いキャラクターをイメージしてロールプレイを行った子どもは、そうでない子どもよりも四六パーセントという高い確率で退屈な課題に取り組み続けました。

この結果にどのような意味があるのでしょうか。一つは、生徒に試してほしい、身につけてもらいたい資質を示す架空の人物、あるいは実在の人物に、本を読むという形で定期的に出会う必要があるということです。

三年生を教えているネリ・ベルトラン先生は、毎日の短い「ブックトーク」のタイトルに、やり抜く力を示すキャラクターを多用しています。ブックトークには「本を読むことを祝福する」というメリットがあるほか、さまざまなタイトルに教師の承認スタンプが付けられることで生徒にとっても魅力的なものになっています［参考文献93］。

ベルトラン先生は、言葉を選びながら生徒の興味に合わせて、まずは本の簡単な内容を説明し

---

(10)　肩入れ、強い関心、献身、約束、関与、真剣に向きあうなどの意味がありますが、どれもピンとこないのでカタカナ表記にしました。

(11)　テレビアニメ作品で、日本でも二〇一三年に放送されました。特徴として、登場するキャラクターが視聴者に向かって指示を出すといった演出が施されています。

ます。その後、ブックトークに続いて「ひたすら読む時間(12)」を設定しており、読みたいと思った生徒は誰でもその本が選べるようになっています。

現在、彼女のお気に入りとなっている本は、偉大なバスケットボール選手であったマイケル・ジョーダンの母（デロリス）と妹（ロスリン）によって書かれた『マイケル・ジョーダン――バスケの神様の少年時代』〔参考文献71〕（渋谷弘子訳、汐文社、二〇一四年）と、世界の不思議に答えるために科学実験を行っている女の子が登場する『せかいはふしぎでできている』〔参考文献9〕（アンドレア・ベイティー／かとうりつこ訳、絵本塾出版、二〇一八年）です。ベルトラン先生が私たちに、「私は子どもが継続して学び続けるために、勤勉の力と強い勤労意欲に関するメッセージを強調したいのです」と語ってくれました。

そして彼女は、「忍耐力とやり抜く力を自分自身のために育むだけでは不十分で、それらを、ほかの人の生活をより良くするために活用するべきである」と付け加えました。

ベルトラン先生は、『かあさんのいす』〔参考文献157〕（ベラ・B・ウィリアムズ／佐野洋子訳、あかね書房、一九八四年）についてのブックトークの際、「幼いころに『リーディング・レインボー(13)』を見ているときに初めてこの本を知った」と話しました。家が火事になって持ち物を失った話と、真面目に働く母親のために、お金を節約して新しい椅子を買おうとしている娘の決断についての話は、生徒にぜひ知ってもらいたい重要な内容です。

「子どもたちにとって重要なのは、誰もが人の役に立てるということです。忍耐力とやり抜く力を通して、他人を助けられるという事実を子どもたちに知ってもらいたいのです」

忍耐力とやり抜く力のもう一つの側面は、情熱を見つけて努力を続けることです。青少年のスカウト組織（ボーイスカウト）では、メリットバッジ（技能章）システムを使って子どもが興味を見つけるための支援を行っています。そして、このような組織にいた人たちは、自分たちの成果を示すバッジでサッシュ（たすき）を埋める様子を見て[14]、湧きあがるようなやる気が芽生えてくることを知っています。しかし、このシステムの核心は、ほかのやり方では達成できなかったであろうことに挑戦してもらうところにあります。

中学校の英語教師であるエイドリアン・ヒューストン先生は、ロバート・フロストの「選ばれなかった道（Road Not Taken）」[15]という詩を読んだあとに、同じ名前のビデオゲームを生徒に紹

(12)　この時間が国語の大半を占めています。日本のように、別に「朝の読書時間」を設けているところは少ないです。アメリカなどでは読解教育と読書教育が一つになっていますが、日本では二つをあえて分けています。
(13)　一九八三年～二〇〇六年に放送されていたアメリカの子ども向けの教育番組です。
(14)　「fill a sash with badges　画像」で検索すると、この様子を実際に見ることができます。
(15)　「Road Not Taken 訳」で検索すると、たくさんの試訳を読むことができます。

介しました。これは、ロールプレイと、徐々に難しくなる課題が続く「ローグライクゲーム（PRGのようなもの）」です。その目標は、人生のさまざまな道を探求し、子どもたちを救うことにあります。これについて、ヒューストン先生は次のように言っています。

「クリアすれば場面が変わっていくゲームは、より難しい課題に挑戦する姿勢を促すのに最適です。しかし、本当に子どもたちを前向きにさせているのは、バッジの獲得なのです。このゲームには、『Lived a Good Life（快適な生活を送る人）』、『Good Samaritan（憐み深い人）』、『Healer（癒す人）』、『Lore Master（伝承師）』という四つのバッジがあります。たくさんの生徒がこのゲームで遊んでいますが、今では、放課後の活動として非公式のゲームクラブがあるほどです！」

レジリエンス（立ち直る力）

レジリエンスとは、困難を克服する能力です。当たり前のことですが、生徒は不合格になりそうな試験において、トラウマになるほどの出来事を目の当たりにしたり、経験するといったさまざまな困難に直面します。個人的なものもあれば、国家規模にまで及ぶものもあるでしょう。レジリエンスのある人は挫折しても立ち直れますし、多くの場合、その体験からより強く、賢くなっていきます。

もちろん、私たちは生徒がトラウマを「跳ね返す」必要がないように、それを減らしたいと思っていますし、防ぎたいとも思っています。しかし、人生においてさまざまな困難に生徒が直面するであろうという事実は変えられません。

ドミニク先生は、生徒が直面している状況を把握するために、朝に行われる生徒とのやり取りを記録しています。ある日の始業前、ドミニク先生は次のような生徒に出会いました。

・児童虐待の被害者であり、里親と暮らしており、追いだされることを心配している生徒
・食事に対する不安があり、カフェテリアで朝食をため込む生徒
・前夜、アルバイト先での上司とのやり取りにイライラした生徒
・ガールフレンドと別れて、階段の踊り場で泣いている生徒
・親の死に向きあっている生徒
・失敗したテストについて考え、成績を取り戻すための計画を必要としている生徒
・公共バスで、乗客から言われた人種差別的なコメントに対して心を病んでいる生徒

これらは、その日の朝に「伝えよう」と決断した生徒だけのものです。生徒が一日に直面するすべての困難を想像してみてください。彼らが私たちに話していない状況を想像してみてくださ

い。ほかの生徒も頭を悩ませているかもしれないと考えると、このような状況下で学べるというのはすごいことです。

教師としてSELの価値を理解し、とくにレジリエンスの獲得に焦点を当てて取り組めば、生徒のさまざまな学びを助けることができますし、生徒はより良く学べます[16]。

人が経験するさまざまな困難に対する予防要因として、個人の特性があります。本質的に希望に満ちた見通しをもって、あらゆる状況に対して前向きにとらえる人がいるのも事実です。しかし、そうでない人もいます。また、本質的に前向きな私たちでさえ、大きな困難によって挫折する場合があります。

以前、強いレジリエンスを示した生徒（非常に優秀で、精神的に安定した男子）がいました。彼はこれまでの人生において多くの挫折を経験してきましたが、そのなかでも母親の死が大きな衝撃でした。前向きで建設的だった生徒も、当然のことながら暗闇のなかにいました。彼は毎日のように泣き続け、その様子を見たクラスメイトがどのように思うのかと気にしていました。当然のことながら、学業を怠り、授業中はプリントに落書きをするなどして過ごしていました。

すべての生徒に助けが必要なときがあります。教師として、私たちが教えるレジリエンスのスキルを生徒がいつ必要とするかについては決して分かりません。

表2－4のようなレジリエンス・アンケートは、レジリエンスに関係した話題を提供するほか、

表2－4　レジリエンス・アンケート

生理的・感情的なコントロール					
各項目について、1～5で評価してください。あなたがストレスに対してどのように反応するか、もっとも当てはまる数字を選んでください。	そう思わない				そう思う
1．私は、1日に1回以上、精神的に打ちのめされます。	1	2	3	4	5
2．私は、何かに悩んでいるとき、いつも原因と理由が分かります。	1	2	3	4	5
3．私は、友達を励ます場合と同じく、ストレスのかかる状況で自分自身を励まします。	1	2	3	4	5
4．私は、困難な出来事が起こっても、一歩引いて笑うことができます。	1	2	3	4	5
5．一般的に私は、ストレスに対する健康的な対処方法をもっています。	1	2	3	4	5

思考スタイル
二つのうち、あなたの態度にもっとも当てはまる記述を選んでください。
6．テスト勉強について □一生懸命勉強してしっかり準備をすれば、不公平なテストというものはほとんどありません。 □しばしば先生は、勉強しても意味がないでたらめな質問をします。

7．人生での「成功」について □成功は、運よりも勤勉さと関係があります。 □人生で重要なのは、あなたが知っていることよりも、誰を知っているかです。
8．ほかの人と仲良くすることについて □ほかの人との良好な関係を築くことは、学習できるスキルです。 □よい関係を築けない人がいます。
9．問題について自分の役割を理解することについて □私は、ほとんどの状況で個人の役割や責任を正しく理解しています。 □私は、しばしば最悪の事態を想定し、なぜこれほど事態が悪化したのか疑問に思います。
人生の意味
次の文に対する反応として、現在のあなたの考えにもっとも近いものを選択してください。
10．優先順位について □幸せを保つことが最優先事項です。 □自分の価値観を貫き通すことが最優先事項です。
11．自己認識について □私は自分のこと、自分の強み、そして自分の好みをよく知っています。 □自分のこと、自分の強み、自分の好みに対する感覚は大きく変化することがあります。

12. 自分の人生を有意義なものにするための何かを探しています。

□そのうちに。今は、ただ楽しみを求めています。
□はい、それが何であるか、またはそれを見つける方法が分かりません。
□いいえ。人生はそれほど大きな意味をもっていないので、なぜ時間を無駄にするのでしょうか。
□はい、私は今現在、非常に意味のあることを追求しています。

質問1～5は、ストレスの多い状況に対する現在の生理的・感情的な反応を評価します。
ストレス対処法によく圧倒されたり不満を感じたりする場合は、個人のレジリエンス・プロファイルのこの領域を改善する時期です。リラクゼーション、瞑想、マインドフルネスのスキルは、ストレスに対処する能力を大幅に向上します。また、研究では、自己や他者に思いやりを示し、感情を巧みに識別して伝達することによって、より大きなレジリエンスが構築できるとされています。

質問6～9は、自分の行動に対する態度を評価します。
ある選択肢は、ほかの選択肢よりもレジリエンスが高いことを示唆しています。レジリエンスのある人は、自分の行動が重要であり、効果的に機能できると考えています。また、彼らは、人間関係を管理するための優れた対人関係スキルの開発が重要であることを知っています。

質問10～12は、人生におけるあなたの目的意識を評価します。これには、精神的信条や人道的価値観が含まれる場合があります。

（注）このアンケートは、個人のレジリエンス・レベルを評価することに対する読者の関心を引くことのみを目的としており、個人の心理測定特性を正確に示すものではありません。

（出所）James F. Huntington の「レジリエンス・クイズ」に許可を得て改変。

その構成要素を特定し、それを構築または再構築するための計画を立てるのに役立ちます（このツールは、年長の生徒を対象としています。年少の生徒には、「アーサー」というアニメキャラクターが主役のPBSオンラインツール＝https://pbskids.org/arthur/health/resilience/quiz.html をおすすめします）。ただし、このようなクイズ自体が生徒のレジリエンスを高めるわけではありません。

実際の活動は、レジリエンスを育むための学習を教科学習や学級経営に統合する形で行われます。ある研究者は、この種の活動を優先している学校を「安心・安全な学校（safe-haven schools）」[17]と呼んでいます［参考文献59］。このような学校の教師は、生徒の内面や周囲の環境面における保護要因を構築するといった形でよりレジリエンスのある人間を生みだすという実践を行っています。

これらの保護要因[18]には以下のものが含まれます。

・教師やメンターとの思いやりのある関係
・教室のルーティーンや礼儀正しさなど、明確で一貫性のある枠組み
・多様性を克服する他者が語るストーリー（物語）との出合い
・生徒の強みを教師が伝える
・他者を助けたり、奉仕したりする機会

なかには簡単な実践もありますが、とても難しいものもあります。重要となるのは、生徒のエイジェンシーと自己効力感を育むことです。そうすれば、生徒が困難に直面したときに使えるスキルが身につくようになります。これは、レジリエンスの高いキャラクターを特集した絵本や本を探す場合と同じくらい簡単なことです。

有名な絵本『ちびっこきかんしゃだいじょうぶ』（ワッティ・パイパー／ふしみ・みさお訳、ヴィレッジブックス、二〇〇七年）に描かれているメッセージは生徒にとって強力なものですが、話し合う必要があります。物語のポイントは機関車ではなく、機関車が目標を達成するために費やした努力です。

年長の生徒であれば、忍耐力とレジリエンスについて話し合うための第一歩として、トゥパック・アマル・シャクールの詩『コンクリートに咲いたバラ』（小野木博子訳、河出書房新社、二〇〇一年）を読むかもしれません。ジョエル・ペレス先生が生徒とトゥパックの詩を共有したと

---

(16)　生徒が抱える困難ないし不安と、その対処法について書かれた本が『不安な心に寄り添う』です。参考にしてください。

(17)　安心・安全な学級と学校づくりをテーマにした本として『「居場所」のある学級・学校づくり』と『一人ひとりを大切にする学校』がありますので、ぜひ参照してください。

(18)　直面する困難から立ち直りを促進する要因のことです。

き、生徒の生活における「コンクリート（壁）」を彼が特定し、そのコンクリート（壁）を突破して成長する方法を尋ねています。

たしかに、一冊の絵本や詩に関する一回の授業だけでレジリエンスは育まれませんが、ＳＥＬのスキルを身につける方法を示している多様な絵本や本などを定期的に扱えば、生徒の人生が変わる可能性が高まります（巻末のリストおよび下のＱＲコードを参照してください）。

さらに教師は、教科内容に関する課題や活動に関して、生徒に「難しいところはどこですか？」と尋ねることができます。繰り返し練習すれば、生徒自身が置かれている状況下での難しい部分の特定ができるようになります。

サラ・グリーン先生は、困難に直面したときに活用する習慣やスキルとして、小学四年生が行うすべての課題に対して、難しい部分を特定する練習を繰り返し行っています。

カネラが飼っていた犬が亡くなり、クラスで泣いていたときのことです。カネラが、「一番大変だったのは、犬がいなくて寂しいことです。とても病気がちでしたが、本当に犬がいないので寂しいです」と述べました。グリーン先生はその喪失体験を共有し、カネラに対して、思い出を残すためにデジタル絵本をつくるようにとすすめました。「難しい部分」を特定し、その対処方法を学ぶことでレジリエンスが構築され、生徒は自らの体験に対処できるようになります。

生徒がより多くの支援を必要としたら……

教師が生徒のレジリエンスを育てる活動を教科指導に統合して、クラスのなかで起こる困難に対処するためのツール(19)は提供できる、と私たちは確信しています。しかし、トラウマや子ども時代の深刻な有害事象がある場合は、資格をもった専門家からの支援が必要であることも分かっています。

教師は、児童保護、メンタルヘルス、および家庭支援サービスにおける目と耳の役割を果たしています。何が起こったとしても支援を受けて生き残れるように、生徒が発するトラウマのサインに注意をしなければなりません。トラウマによる症状のいくつかは、うつ病によく似ています。たとえば、睡眠が多すぎたり少なすぎたりする、食欲不振または過食、原因不明の怒りっぽさや急な怒りの表出、学校行事や学業、そして話し合いといった場面での問題(20)です。

これらの状況下において頻繁に繰り返される問題発言があります。それは、「死なない程度の苦労はあなたを強くします」というものです。私たちは、この考えに同意できません。むしろ私

(19) 児童虐待や貧困などといった事柄です。
(20) たとえば、遅刻や欠席、集中力の低下、対人恐怖などです。

たちは、教師として、ネガティブでトラウマになってしまうような生徒の経験を補うためには支援をする必要および責任があると、保護者やメンタルヘルスの専門家と共有しています。

まとめ

SELの根底にある原則は、生徒のアイデンティティーとエイジェンシーを学習場面に広げて育むことです。生徒自身が強みを認識し、自らの内部にもっている力や外部リソースの知識を用いて現在の能力を正確に把握できるようになるための支援が教師にはできるのです。これがうまく行われると、生徒は学習の妨げになる要因を減らしながら、学習を促進する自信と自己効力感のレベルを高めます。

忍耐力とやり抜く力は、生徒の自信と自己効力感の発達に影響を与えます。それによって生徒に力を与え、困難に直面したときのレジリエンスを高めます。これらの実践において核となる人物が、生徒のSELにコミットした、思いやりのある教師と学校のリーダーなのです。

振り返りのための質問

❶あなたが教える教科のなかで、アイデンティティーとエイジェンシーを統合する場面は考えられますか？

❷生徒が強みを認識する方法として、何を行っていますか？

❸自信について、生徒とどのような会話を行っていますか？　生徒の自信が低すぎたり高すぎたりしたとき、その程度を調整する手助けとして、どのような方法を用い、どのような言葉かけをしていますか？

❹どのようにして自己効力感を教科指導に統合しますか？　あなたが教えている教科は、自己効力感に関する感覚を育むにあたってどのように役立ちますか？

❺固定および成長マインドセットについてですが、現在の学年、教科、または学校全体での理解レベルはどれくらいに位置していますか？　生徒は、固定マインドセットをもってしまう可能性のある要因についてどのように学んでいますか？　反対に、成長マインドセットをもつための要因についてはどのように学んでいますか？

❻レジリエンスについて生徒と話し合っていますか？　トラウマに対するより専門的な介入が必要とされる生徒を支援することを目的として、あなたの学校や教育委員会にはどのような人材がそろっていますか？

第3章 感情調整

感情の特定、自己の感情認識、衝動コントロール
満足の遅延、ストレス・マネジメント、コーピング

一年生の担任であるラミレス先生は音読を一旦やめて、手を振っているタイラーに向かって「どうしたの?」と尋ねました。

「オリバーがポケモンカードで遊んでいます」

すぐさま机の下に手を置いたオリバーをちらりと見て、ラミレス先生が「オリバー、私たちはそのような行為の処置についてはすでに話していますよね。私が読んでいる本に集中するべきです。クリップを動かしてください」と言いました。

この学校では、すべての教師が学級運営の一つとして「行動クリップチャート」を使用しています。チャートには五つのカラーゾーンがあり、青は優れた行動を表し、次に緑、黄、オレンジ、赤と続きます。赤になると、校長との面談と保護者への連絡が行われます。

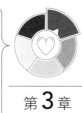

オリバーは眉をひそめ、ゆっくりと立ちあがり、教室を横切ってクリップチャートの前まで移動して、自分の名前が書かれたクリップを黄色からオレンジ色のゾーンに移しました。そして自分の机に戻って着席し、残りの音読時間中、ずっと目を伏せていました。

社会科の時間になりました。ラミレス先生が、今取り組んでいる「大人になったときに興味のある仕事の発表をするように」と呼びかけました。タイラーが呼ばれたとき、オリバーはタイラーに向かって、「お前のばかげた発表をやってこい」とつぶやきました。

それを小耳に挟んだジェイコブが、「ラミレス先生！　オリバーがタイラーに『バカ』と言いました」と報告しました。

オリバーのクリップは赤色のゾーンに到達し、ラミレス先生はすぐに職員室に電話をしました。しばらくしてオリバーが教室から飛びだし、足音を立てながら職員室に向かっていきました。学校の方針に従って、これから校長との面談と保護者への連絡が行われます。

◇◇◇

この事例について少し考えてみましょう。明らかに、クリップチャートを使った学級運営は問題だといえます。屈辱感に対する脅威がポジティブな行動を促し、問題行動を抑制するといった効果的な方法であるならば、そもそもオリバーはポケモンカードで遊んでいなかったでしょう。

それに加えて、クリップチャートの使用が理由で、タイラーやジェイコブなどの生徒が友達を「取り締まる」ようにもなっています。このような光景は、ＳＥＬのスキルを身につけようとする生徒が互いにサポートしあっているクラスでは絶対に見られないものです。

さらに、ルール違反をしたことで生じた感情的な反応に対処する方法について学ぶ機会がオリバーに与えられていなかった点にも注目してください。彼は、怒りとともに恥ずかしさを感じていたことでしょう。しかし、ラミレス先生は、それらの感情を説明したり、オリバー自身の反応を自然なものとして理解できるようにすること、そして反応に対する調整ができるように支援するチャンスまで逃してしまいました。もし、長きにわたってオリバーがネガティブな感情反応のために罰せられると、彼はその間だけ感情を抑え込んで、ほかの人に向かってあとでネガティブな感情を表出するようになるでしょう。

第１章で述べたように、意識しているかどうかに関係なく、すべての教師はＳＥＬを教室の授業に統合しています。もっとも影響力のあるＳＥＬの実施方法は、日々のやり取りを通して行うことです。先の事例が示すように、生徒の学びは必ずしも前向きで建設的なものばかりではありません。以下について考えてみましょう。

・オリバーは、怒りや恥の感情が望ましくないこと、そしておそらく自分自身が受け入れられていないことを学びました。また彼は、できれば見つからないように、タイラーに対して怒りを表現する（つまり、仕返しをする）必要があるといったことも学びました。

- タイラーは、迷惑行為への取り締まりが奨励されていると学びました。とはいえ彼は、オリバーからの仕返しを心配しているかもしれません。このクラスにはクラスメイト同士の対立を解決するためのモデルがないため、タイラーは昼休みの間、自らを守る方法を見つけだす必要があったかもしれません。
- 残りの生徒は、オリバーが校長室に送られたことで気を逸らされ、タイラーの発表を通して得られるはずだった学びが減りました。また彼らは、この教室では告げ口をされないこと、そしてばれないことが生き抜くための方法であると学びました。

このような光景は、よく目にするものです。それゆえ、この話を取り上げました。教師がこのような出来事を生徒の感情調整スキルを育成する必要を示す状況としてとらえていないため、教室では似たような出来事が気づかれることなく毎日繰り返されているのです。

読者は、ラミレス先生の学級運営を標準以下と見なし、ささいな違反でむやみに生徒を校長室に送る必要はないと思ったかもしれません。それだけでなく、このような対応が教師としての信頼を失うことになると考えたかもしれません。しかし、私たちがみなさんに注目してほしいのは、ラミレス先生が逃した教育の機会なのです。彼女には、次のような選択肢もありました。
・オリバーに注意をして姿勢を戻させ、授業を再開する。
・オリバー自身の感情について説明できるように支援する――「あなたは今、気分を害していますね。それについて話してくれませんか？」
・オリバーに、落ち着くための方法を使うようにと促す――「頭をすっきりさせるために三回ほど深呼吸をしましょう」
・授業のあとでタイラーと個別に話す――「オリバーが集中していない様子を見たとき、彼を助けるための方法は何だったと思いますか？」

教室における感情的な雰囲気に気を配る必要があるわけですが、その理由は、感情には学習を促進させたり、抑制（阻止？）したりする力があるからです。これは教育学の分野ではすでに確認されており、記憶の形成に役立つだけでなく［参考文献122］、生徒が取り組んでいる内容にプラスの影響を及ぼします［参考文献105］。

また教師は、感情を利用することで生徒の注意を引きつけるほか、維持もできます［参考文献112］。つまり、授業の冒頭で学習の方向性を示す際、これから取り組む学習内容が生徒の心に響いているかどうかの確認ができるということです［参考文献42］。さらに、生徒に温かみのある表現や思いやりを示したり、落ち着いた学習環境をつくったり、教えているテーマに興奮したり、生徒と冗談を言いあったり笑ったりするときにも感情を活用することができます。私たちが学びを高めるために使っている指導方法は、生徒の感情に影響を与える試みであると考えることもできるのです。

では、生徒にこれらすべてを教えた場合、どのような現象が起こるのかについて考えてみましょう。つまり、生徒の自己理解と、学習を含むすべての行動に感情が与える影響についての理解を意図的に教えた場合です。本章では、感情から生じる基本的なプロセスと学習における感情の役割に関する重要性について説明し、生徒の成長を支援する感情調整の重要な要素について探っていきます。

感情調整の定義

あなたは、イライラしたり、心配したり、退屈したときにはどうしていますか？　これらの感情に対する反応、つまり社会的に受け入れられるための対処方法をすでに獲得していることでしょう。しかし、それらの反応が社会的に受け入れられなかった場合、友達をなくすか、仕事に就けない可能性が高くなります。さらにいえば、刑務所に入っているかもしれません。

これらの対処方法は自分自身の生活の質を高めることにつながります。欲求不満に対処し、自らを元気にする健全な方法を知ることは、自分自身の安定性を維持するためにも欠かせません。不安を感じたときに落ち着きを取り戻す方法は、自らのバランスを保つために不可欠です。これらはすべて、社会で生きていくために欠かせないと考えられているいくつかの複雑なスキルを含む、感情の自己調整という例です。

学齢期における感情の自己調整は、現在では教えられるスキルとなっています。もちろん、一人ひとりの性格は、発達要因や個人の経験とともに生徒の感情調整能力に影響を与えます。それでも私たちは、生徒に対して、自らの感情の状態を特定し、対応し、管理する方法を教えることができます。これらの方法は、人間関係を確立し、維持していくのに役立ちます（第5章を参照）。さらに、感情調整能力はその生徒に対するクラスメイトや大人からの評価にも大きな影響を与えます［参考文献5・49］。そして結果的に、教室での学習に明らかな影響を及ぼします。

ここで、章の冒頭で紹介した事例に戻ってみましょう。ラミレス先生は、オリバーに対する悪口と彼の怒りによる教室からの退出行為を、好ましくない性格と未熟さによるものと見なしていたかもしれません。タイラーが行った告げ口は、おそらく多くの支持は得られなかったでしょう。ひょっとしたら、クラスメイトのなかには、タイラーは信頼できないのでかかわらないほうがいい、と判断した生徒がいたかもしれません。

もし、オリバーとタイラーが感情を調整する方法を身につけていたら、クラスメイトは異なる反応を示したかもしれません。みんなが感情調整に着目した効果的なＳＥＬカリキュラムを経験していたら、紹介したようなやり取りはなかったかもしれないのです。

感情調整を教える際は、リフレクション（振り返り）、自己チェック、および反応を意図的に遅らせたり、不適切なものを避けるといった習慣の育成からはじめます。感情をもつというのは自然なものであり正常な感覚であること、一部の感情がほかのものよりも良く（あるいは悪く）感じること[1]、そして、なかには自分でコントロールできないと思ってしまう感情があると理解する必要があります。

激怒し、カッとして、自制心を失うかもしれません。これらの表現が暴力的であることに気づいてください。ネガティブな感情に支配されなくてもよい、と生徒が理解する必要があります。その第一歩は、生徒自身が自らの感情について正しく「ラベルを付けられる」[2]ように支援することです。

感情の特定

人間の人間たる所以は他者の感情を理解しようとすることであり、その営みは生まれてすぐにはじまります。乳児は表情を読んで、両親や養育者の感情を推測します。彼らは他者の表情やしぐさをチェックして、自らの身振り・手振りにおいてそれらを模倣します。幼児は言語と感情の結びつけるのが難しいので、「魔の二歳児」と言われるように、語彙力の乏しさを示す一つとしてとらえられています。

感情を表すための適切な言葉を大人が幼児に提供すれば、必要とされる語彙力の習得を促進します。怖い夢から目覚めたとき、私たちは子どもに「怖かったね」と話すことができます。そして、子どもが落ち着くまで抱きしめ、歌を歌い、物語を読むといった方法で気をそらせます。このような行為そのものが、感情をコントロールする方法を教えていることになります。

生徒が小学校に入学するころの生活は複雑なものとなり、それにつれて感情のコントロールも複雑になります。保護者から離れた小学一年生は、生徒だけという集団のなかでの感情のコントロールが求められます。このような環境下では、自らの感情に「ラベルを付ける」ための手がか

（1）どのような感情であっても自然なことなので、感情に良し悪しはありません。

（2）「感情にラベルを付ける」という言葉は、一般的には「感情を理解する」と表現します。しかし、自分や他者の感情の状態を漠然とした感覚としてとらえるのではなく、「怒っている」とか「悲しんでいる」というように感情を表す言葉で理解する必要があります。このような意味を込めて、本書では「感情にラベルを付ける」と表記します。

りを知ることが非常に有効となります。ある教師の例を挙げましょう。彼はさまざまな表情とそれを表す言葉が書かれたポスターを使って、感情表現に苦労している生徒を助けています。

一年生の担任であるウェス・ローガン先生は、生徒と話すときにこのポスターを使っています。ローガン先生が、次のように説明してくれました。

「自己への気づきを促すために、クラスで頻繁にポスターを使っています。たとえば、校長先生がクラスを訪れたあとなどに、自分の感情を話すために使うこともあります。私は生徒に、『校長先生が教室に入ってきたときにワクワクしましたが、と同時に少し不安も感じました』と伝えました」

ローガン先生は、このようなアプローチを教科指導でも活用しています。彼は、「物語のなかで出会う登場人物の感情にラベルを付けています。それは、登場人物の感情を理解する一つの方法です」と語りました。また彼のクラスでは、地域の人々の職業に関する社会科の授業において、感情的な側面についても話し合っています。

「あるときに警察官がどれほど恐怖を感じているのかや、多くの顧客から同じ質問をされたときに店舗のオーナーがどれほどイライラしているのかなどについて私たちは話し合っています。そこから、働く人が自分の気持ちをどのように認識して、対処しているのかに関する話し合いへと展開していきます」

七年生に英語を教えているリディア・ナヴァロ先生は、感情を表す「言葉の壁」を教室に貼って、生徒の感情の状態を特定する能力を高めながら学習に使う言葉を増やしています。

「生徒たちが実際に文章を書いているときに、私はそれらの言葉を紹介しています」と説明したあと、次のように話してくれました。

「キャラクターの内面を説明する〝ちょうどよい〟言葉を見つけることは、優れた書き手の証となります。年間を通じて私たちは、出合った言葉を収集し、言葉同士の関係をまとめるようにしています」

毎年の年度初め、ナヴァロ先生は「意味の微妙な違い」と名付けた方法を使って、似たような感情を表すさまざまな言葉をまとめるように配置して、それを「ひと塊」にするという方法を紹介してくれました。

彼女は、地元にある金物店からもらったペイントチップを使って、関連するさまざまな感情を表す言葉の使い方についてモデルを示しつつ、次のように語ってくれました。

「ペイントチップを使うのは、感情を視覚的に表現するためです。私たちは、強意語(3)として機能する言葉を収集することからはじめました」

これが終わると、彼女は生徒に「感情の輪」について教えます（九四ページの図3－1参照）〔参考文献124〕。基本となる八つの感情は、「喜び」、「信頼」、「恐れ」、「驚き」、「悲しみ」、「嫌悪」、「怒り」、「期待」です。これらの感情が交わる部分には、二次的な感情も生みだされます。

・喜び＋信頼＝愛
・信頼＋恐れ＝服従
・恐れ＋驚き＝畏怖
・驚き＋悲しみ＝拒絶

・悲しみ＋嫌悪＝後悔
・嫌悪＋怒り＝軽蔑
・怒り＋期待＝攻撃
・期待＋喜び＝楽観

ナヴァロ先生が、「私たちは、感情を適切に伝える方法のガイドとして『感情の輪』を使い、読書を通して出合う言葉を追加していきます。今週は、『優しさ』、『唖然』、『疑わしい』、『大喜び』という言葉を追加しました」と説明してくれました。そして彼女は、「感情の輪」を理解することは、感情を表す単語の定義を理解するだけではない、とも強調しました。「これらの感情を状況に応じて適切に配置しています。クラスでは、『優しさ』は『愛』に属すると判断しましたが、『唖然』は『畏怖』に関連していました。生徒には、自分や他者の感情を理解する正確さが身についていきます」

感情の自己認識

ＳＥＬの研究者たちは、「生徒は、同じ課題に取り組んでいるクラスメイトとやり取りをする前に自らの感情を認識し、適切な感情に調整したうえで表現することを学ぶ必要がある」と述べています〔参考文献70〕。

感情が認識できるという状態は、自分のなかに湧きあがっている感情に対して、単にラベルを付けられるということだけではありません。生徒は、それらのラベルとそれが意味しているものを自分や他者に対して正確に使いこなす方法を学ぶ必要があります。これは、練習を通して育成されていきます。練習には、感情の状態をチェックしたり、自分や他者が感じていることについて話す機会が多く含まれている必要があります。

生徒自身が感情の状態をチェックする機会を、教師は教室内において日常的に設定できます。私たちが働いている中学校の教師たちは、感情に関する共通の言葉を確立するために、映画『インサイド・ヘッド』[4]〔参考文献128〕を全員に観せることから年度をはじめています。

（3）「とても」とか「ずいぶん」など、ある語句の意味を強める言葉のことです。

図3－1　プルチックの感情の輪

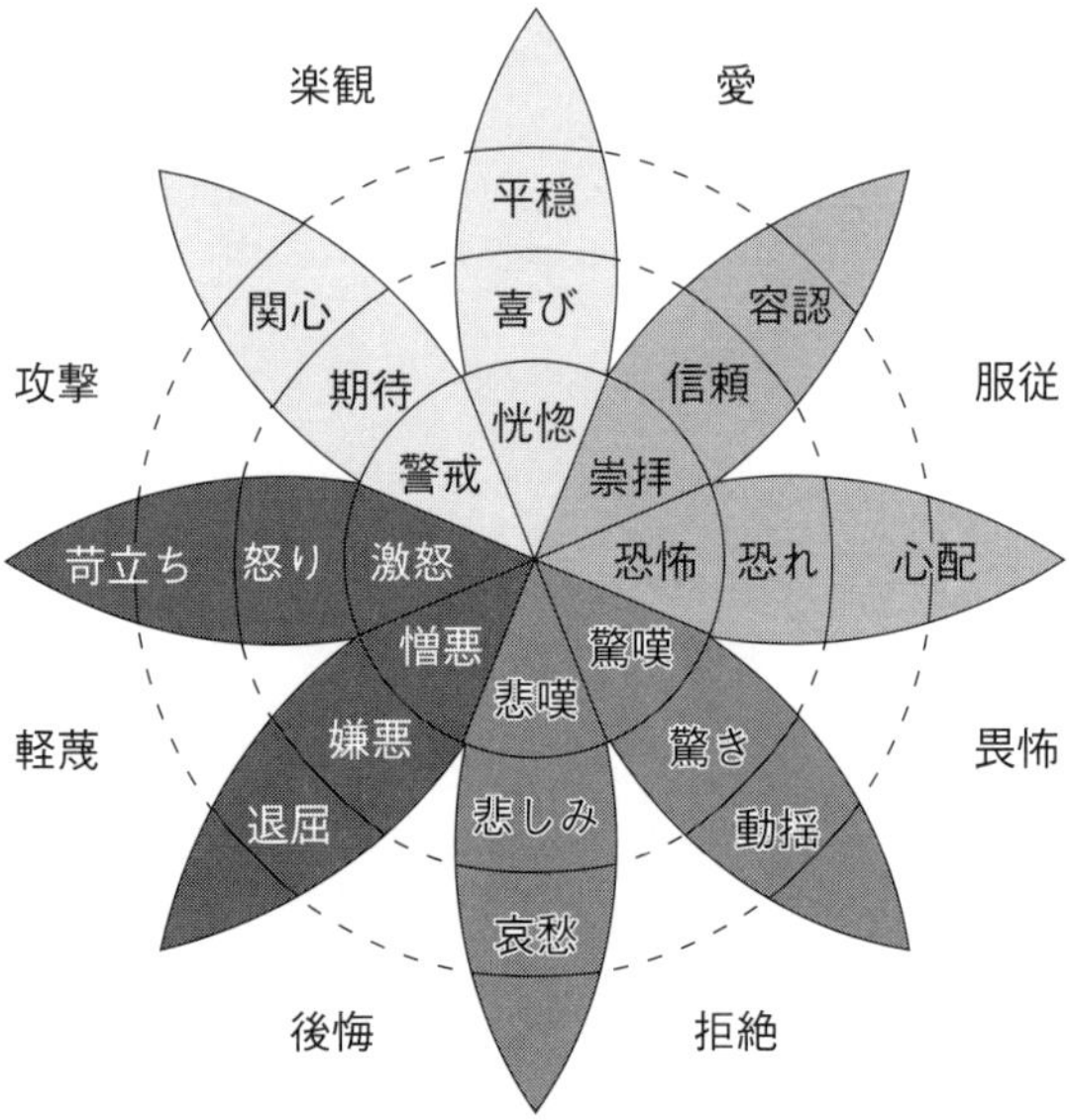

（出所）Adapted from Plutchik-wheel.svg by Machine Elf 1735. Retrieved from Wikimedia Commons, https://commons.wikimedia.org/w/index.php?curid=13285286

登場人物（ヨロコビ、イカリ、ビビリ、ムカムカ、カナシミ）は「感情の輪」（図3－1）から選ばれたもので、新しい町に引っ越したあとに葛藤を抱える少女ライリーによって表現されています。

私たちの学校では、生徒一人ひとりの机に映画で使われていたさまざまな感情を表した小さなシートが置かれており、週のさまざまな時間に自分の感情の状態を記録するように求められます。これは一人で静かに行われ、自分の感情について生徒が書く場合もあれば、書かないこともあります。生徒が感情の状態をチェックすることは、時間の経過とともに習慣になっていきます。七年生のグレースが、次のように語ってくれました。

「感情の状態をチェックするのがうまくなりました。もし、退屈していたらそれに気づいて、退屈を解消するために何かをはじめる必要があるんです」

年少の生徒を教えている教師の場合、定期的に自分の感情に気づき、色を使ってそれらの感情を説明するようにと促すかもしれません。四色ゾーンモデル［参考文献80］は、感情の状態を表現するために役立つ言葉を提供しています。

青ゾーン——悲しい、気分が悪い、疲れている、退屈している、ぼーっとしている。
緑ゾーン——幸せ、落ち着いている、ＯＫ（問題ない）、集中している、学ぶ準備ができている。
黄色ゾーン——欲求不満、心配、ソワソワ・落ち着かない、興奮している、少し手に負えない。
赤ゾーン——発狂・怒り、恐怖、怒鳴る・感情的になる、高揚、制御不能。

（4）（原題：Inside Out）アメリカで二〇一五年に公開されたコンピューターアニメーション映画で、舞台は少女の頭の中です。そこに住む「喜び」、「悲しみ」、「怒り」、「嫌悪」、「恐れ」という「感情」が題材となっています。

冒頭で紹介したラミレス先生が使用したクリップチャートとは違って、四色ゾーンは懲罰を目的とするものではありません。これらを考案した研究者［参考文献80］の説明を使って生徒は、誰もが感情をもっていること、すべての感情は受容されること、自分の感情を知ればそれへの対処方法を理解するのに役立つといったことを学習します。

感情は、「良い」とか「悪い」の外部判断ではなく、（感情の強さのレベルに類似した）「覚醒」のレベルに従って分類されます（「良い」と「悪い」だけでは、感情をコントロールする能力はほとんど育成されません）。

三年生を教えているアジア・ジャクソン－フェルプス先生は、毎朝、生徒が教室に到着するたびに自分の感情の状態をチェックするようにと求めています。

一人ひとりの生徒名が記載されたマグネットボードがあります。彼らは名前の横に磁石を置いて、出席とともに昼食を注文するかどうかを示します。昨年、それに四色ゾーンのチェックを追加しました。ゾーンごとに色付きの磁石があります。それによって私は、クラスにおける感情の温度チェックが迅速にでき、一人ひとりに合わせた言葉かけと対応ができるようになりました。

生徒たちは、読んでいる本のなかで登場人物に出会うたびに、四色ゾーンの言葉を使うという経験を積んでいきます。そうすれば文章理解が容易になるだけでなく、他者の感情状態の理解にも役立ちます。最近、ジャクソン－フェルプス先生は毎日の昼食後に『ポピー――ミミズクの森をぬけて』〔参考文献7〕(アヴィ／金原瑞人訳、あかね書房、一九九八年) の読み聞かせをしていますが、これは生徒が感情を特定するのに役立っています。(5)

物語のなかで、メンフクロウのオラックスが嘘と恐怖を使って支配していることに、野ネズミのポピーが気づくという場面があります。ポピーは、この新しい情報をどうすればいいかと考えています。

生徒の一人が、「ポピーは今、黄色ゾーンにいます！」と言いました。それについて詳しく話を聞くために私は質問をしました。そして、私たちは、興奮すると簡単にコントロールを失う可能性があることについて話しました。

生徒たちは、ポピーが気をつけなかった場合に何をするのかと予測しました。たとえば、

(5) 欧米での読み聞かせは、このあとで紹介されているように、読み手と聞き手とのやり取りがあるケースが多いです。そのほうが、はるかに教育的効果があるからです。具体的なやり方については、『読み聞かせは魔法！』を参照してください。

興奮のあまりにバカなことをするかもしれません。生徒が考えた予測は物語と完全に一致していましたが、ポピーの感情調整の程度によって、起こりうる結果がどうなるのかについて生徒たちが考えはじめた瞬間でもありました。

感情面における自己調整に優れた生徒は、そのときの感情の状態を正確に認識し、その日の残りの気分を予測するほか、バランスをとるための方法も知っています。ある研究者は、年長の生徒に対して、さまざまな状況において自分の感情の状態がどのように変化するのかを測定したほうがよいと推奨しています［参考文献13］。以下に示す四つの質問は、研究者が提案している自己の振り返りと話し合いを刺激するものです。

❶学校に登校したとき、どのような気持ちですか？
❷学習中は、一日を通してどのような気持ちになりますか？
❸廊下を歩いているとき、食事をしているとき、休憩時間や移動時間に、あなたは違った気持ちになりますか？
❹学校が終わって下校するとき、どのような気持ちになりますか？

三番目の質問は、私たちのように思春期の生徒を対象にしている教師にとってはとくに興味深いものです。授業中、廊下で生徒と話すことがよくあります。クラスメイトの前を歩きたくないという理由で、「教室の後ろのドアから入れるように」と依頼してくる生徒が驚くほど多いのです。彼らに理由を尋ねると、「みんなの前を歩くのは照れくさくて不快に感じるから」と答えたあと、「全員が私を見るでしょう」と言います。

大人である私たちは、時々、思春期特有の不安な状態に気づけません。彼らの感情の状態について尋ねることは、私たちにとっても彼らをより良く知る機会になると気づかせてくれます。

九年生に理科を教えているエラリー・デイヴィス先生は、全校での「入学歓迎週間（ウェルカム・ウィーク）」の一環として、最初の週に感情を予測する方法を紹介しています。彼は、「九年生は、高校生になったことでとても神経質になっています。彼らの目を見ると、怯えているようにすら見えるのです」と言いました。

デイヴィス先生は、感情プランナー機能を含んだ学校の学習管理システムである「オンラインプランナー機能」(6)を使っています。デイヴィス先生と生徒たちは、テストを受ける時間、クラスで発表する時間、顔見知りではないクラスメイトと一緒に実験をする時間、クラスの話し合いに参加する時間など、感情が高ぶる可能性のある時間について話し合っています。

（6）　学習に関するスケジュールをオンライン上で管理する機能です。

理科の授業で起こりうる不安を誘発する状態を一覧にしたあと、これらの状況への対応策について生徒たちは話し合いました。デイヴィス先生が次のように話してくれました。

「一覧には、呼吸法やストレッチなど、自分を落ち着かせるためにできることがリストアップされます。次第に、生徒たちはより深く考えはじめます。テストの前、どのように不安を減らせるのか？　これに対しては、『もちろん、テスト勉強と準備が不安を大きく減らすことになります』と答えています」


デイヴィス先生の生徒たちは、三時間目になるころには、「水を飲む」、「よい学習パートナーを見つける」、「やることのチェックリストをつくる」、「実験中に最適な座席を見つける」など、さまざまな状況に適した多くの方法を挙げていました。

「そのなかでも重要な方法は、十分な睡眠をとることです。十代の若者はこれが本当に苦手なので、休息に関する生物学的影響とそのストレスとの関係について授業を行いました」

また、先生は、スクイーズ玩具やストレス解消グッズのファンになりました。

「私は、それらが気を散らすものであるとは思っていません。最初の数日間は目新しさが気になりますが、すぐに教材の一つになります。使用ルールをいくつか確認する必要がありますが、それだけです」

衝動のコントロールと満足の遅延

感情の自己調整を理解していなければ話題がすぐに外的コントロールについての議論になってしまうので、ここで取り上げる二つのテーマは、意図的に本節まで取っておきました。感情調整のほかの要素と同様に、生徒の衝動をコントロールし、満足を遅らせる能力は、性格、経験、および発達要因に影響を受けます。当然のことですが、年長の生徒はどちらの能力においても年少の生徒より優れています。

これら二つのテーマについて年長の生徒に教えると、いくつかの対処方法をすでにもっていることが分かります。ここでの教師の役割は、衝動のコントロールと満足の遅延という感情的な働きを前面に引き出して、これらのスキルについて説明するとともに話し合い、それらを身につけて使いこなせるように生徒を支援することです。これは複雑な作業になる可能性があるため、以下において、これらに関連するテーマを一つずつ見ていきます。

衝動のコントロール

「石橋を叩いて渡る」、私たちが成長する過程でよく耳にする言葉です。

「止まって、考えよう」と、すぐに反応する傾向がある生徒に思い出させます。

「ブレーキ、ブレーキ」と、生徒たちが話している様子が聞こえてきます。

これらはすべて、誰かが慌てて何かをしようとするときの適切なアドバイスです。すべてを一旦停止させ、考える時間（反射的に反応するのではなく、意識的に行動を検討して選択する時間）を促していることに注目してください。

衝動というものは、どこからともなく発生するように見えますが、それは常に刺激があっての反応です。その刺激は、多くの場合、怒り、退屈、混乱、不安などといった感情によるものです。そのため、衝動をコントロールする一つ目のポイントは、きっかけとなる引き金のメカニズムを理解し、その引き金が作動したときに別の方法で行動できるように準備しておくことです。

たとえば、ある生徒が怒りや恐れを感じると攻撃的になる可能性が高くなると気づけたのであれば、次に怒ったときの計画（一〇まで数える、深呼吸をする、信頼できる大人と話をする、または怒りの原因から逃れるために教室から離れる）が立てられます。

この例は、感情を調整する方法を知ることや、生徒自身が「プランB（最初の方法がうまくいかなかったときの代替案）」を立てられるようにすることが有益である理由を明確に示しています。怒っている生徒が教室を離れるという行動を、感情調整ではなく反抗的な態度（席を外すのではなく立ち去る）としてとらえている教師がどれだけいるかと考えてみてください。感情を調整する手段を生徒にたくさん提供する必要があるわけですが、もし「避難」という選択肢をそこに含めないとしたら、生徒から貴重な手段を奪うことになってしまいます。(7)

怒りや恐怖などの「激しい」感情という衝動に関するコントロールの仕方を教えようと計画されている教室には、生徒が避難するためのスペースがあります。そのスペースは、魅力的であると同時に、活動の中心となっている場所から少し離れている必要があります。高学年の生徒であれば隅にある心地よい椅子に座って落ち着けますが、低学年では、小さなテントや、仕切りとして使用する小さな毛布とともに身を沈められるビーンバッグ・チェア（ビーズクッション・ソファー）など、少し物理的な避難スペースが必要とされるかもしれません。

このスペースは避難するための安全な場所であり続けなければならないので、決して懲罰を目的とした使い方をしてはいけません。もし、興奮（動揺）しているような兆候が見られたときには、「休憩時間に順番待ちで並んだことでイライラしていますね。気持ちを整理するために落ち着く椅子を使いますか?」と言ってスペースの利用を促します。なお、利用中に、生徒の感情に「ラベルを付ける」という働きかけについてはまったく問題ありません。また、中学生と高校生

---

(7)　協力者から、「生徒に席を離れる自由が担保されているかどうかはとても大きいが、今までの倫理観でそれを認めることができない教師が多いと思う」というコメントが届きました。

が必要なときに休憩がとれるような仕組みをつくるというのも賢明な手段となります。

私たちは、生徒が教室の外に出る際、たくさんのルール（承諾やパスが必要など）があることを知っています。しかし、個人的な意見の不一致によってクラスメイトに侮辱的なことを言ってしまうような衝動をコントロールしようとしている生徒の場合は、その環境から距離を置く必要があるかもしれません。ここで、私たちが働いている学校で使っている方法（愛情を込めて「ＴＬＣ」(8)と呼んでいます）について紹介します［参考文献44］。

学校には、廊下の隅に小さなテーブルと椅子二脚が設置されています。テーブルに貼られた紙には、「手助けしましょうか？　時間はあります」と書かれています。教職員がＴＬＣテーブルで寛いでいます（ここは、教職員が職員室に閉じ込められることなくメール対応ができる最適な場所です）。誰でも、椅子に座って会話ができます。時には、教職員も座っています。生徒は、定められた休憩中、または自ら休憩したいときに、支援役を買って出てくる教職員と話すことができます。

衝動のコントロールを改善するための二つ目のポイントは、注意深く聞くことです。優れた聞き手は、他者のメッセージの文脈、口調、意図をより正確に理解します。メッセージの伝え方と理解が不十分な場合、いざこざが発生する頻度はどれくらい高まるでしょうか？　他者が発する意味や意図から結論を急いでしまった結果でしょうか？

生徒の聞く力を向上させるための簡単な方法は、教師の指示を繰り返すか、何度も言い換えの練習をすることです（これには、すべての指示をよく考える習慣を身につけるというメリットもあります）。たとえば、「レッドライト・グリーンライト」[9]、「サイモンが言った」[10]、「頭、肩、膝、つま先」[11]のような幼児向けのリスニングゲームも注意深く聞くことを促進します。

八年生に社会科を教えているアラン・サバ先生は、「バリアゲーム」[12]を使用して生徒の聞く能力を伸ばしています。

このゲームはペアで行いますが、生徒は背中合わせに座っているため、相手が何をしているのかが分かりません。一人の生徒は、学習単元に関連する簡単な図柄（旗、地図、政治的シンボルなど）を持っています。ほかの生徒は紙とペンを持っていますが、課題を見ることはできません。

（8）（Tribes Learning Communities）ポジティブな学習環境を整えることで、学習に関するスキルとＳＥＬのスキルを育成するプログラムです。www.tribes.com を参照してください。

（9）「だるまさんが転んだ」に似た遊びです。「だるまさんが転んだ」では負けた人が鬼になるのに対し、このゲームでは勝った人が次の鬼になります。

（10）サイモン役が言う「手を上げて」や「足を触る」などの命令に従って動く遊びです。

（11）「あたまかたひざぽん」に似た手遊びです。

（12）本文でもゲームのやり方が説明されていますが、「barrier game」で検索すると実際のゲームや動画がたくさん見られます。

このゲームの目標は、課題名を伝えずに、図柄を可能なかぎり忠実に再現することです。

　サバ先生が次のように説明しました。

「独立戦争中に使用されたユニオンジャックの写真を持っている生徒は、長方形を描くこと、中央に赤い十字を作成すること、などといった指示をします。一方、地図の輪郭を説明することは難しいので、説明する能力と聞く能力が本当に向上します」

　生徒たちはこれを楽しい活動として行っていますが、同時に、学習内容と感情調整の学習にもなります。

「彼らは、学習内容に基づいて、ゲームの課題が何であるかを予測するのが上手になります。また、目標を達成するためには、お互いのコミュニケーションがいかに重要かについても話し合うことになります」

生徒がさらなる支援を必要とする場合

　一部の生徒は、衝動を調整する能力を身につけるために個別の支援を必要としています。障害、トラウマ、または経験不足などが原因で、これらの生徒は教師を瞬時に怒らせてしまう場合があります。さらに、ほかの生徒に対して攻撃的になるか、感情が高ぶりやすい状況においては「過剰反応」を示してしまう場合があります（たとえば、欲求不満でかんしゃくを起こしたり、大声で長く笑い続ける）。そして、年長の生徒の場合は議論が好きで、常に「最初に話すこと、そして締めの言葉を言うこと」を求めるといったイメージがあります。これは、ある保護者が自分の子どもについて説明したものです。

衝動に対するコントロールがうまくできない生徒がとってしまう行動というのは実行機能[13]に関係しているのですが、一般的には、その生徒の性格や子育ての結果として生じていると解釈されがちです。

すでに述べたように、衝動に対するコントロールがうまくできない生徒にとっては、その引き金が何であるかを理解することが有効となりますが、ここではもう少し衝動のコントロールについて掘り下げたいと思います。

すべての行動は何かに対する反応であり、目標とするのは、何かほかのものを獲得するか、回避することです。これらは行動のＡＢＣ[14]（先行事象、行動、帰結）です。先行事象とは、行動の前に起きた出来事や人、あるいは環境などといったきっかけのことです。なかには、行動直前に起こり、とても「速い引き金」となるものもあります。多くの場合は、行動の数分前、数時間前、

（13）設定した目標を達成するために、行動や思考、感情を調整する能力です。
（14）「antecedents, behavior, and consequences」の頭文字です。

または数日前に発生した「遅い引き金」と呼ばれるものがきっかけとなっています。「速い引き金」となる例としては、ある生徒から小声で何か攻撃的な内容をつぶやかれたり、別の生徒から顔を平手打ちされたといったことが挙げられます。生徒がほかの生徒を殴るという行為は対処すべき問題行動ですが、私たち教師は、それを引き起こした原因についても対処しなければなりません。

一方、「遅い引き金」にも同じような行動様式が表れます。もしかすると、長時間にわたる両親の口論が理由で落ち着かない夜を過ごした翌日、生徒が朝食を食べようとすると、母親から「父親は家出をした」と打ち明けられ、涙を流しながら部屋に戻ったかもしれません。その後、食事をせずに学校に行き、朝の授業を静かにふてくされながら過ごし、ランチタイムにカフェテリアへ行こうとして混雑した廊下を歩いていると、たまたま大柄な生徒にちょっかいを出され、その腹いせに、近くにいたほかの生徒を殴ってしまったということもあるでしょう。

繰り返しますが、私たち教師は問題行動に対処する必要があります。しかし、「遅い引き金（欲求不満、不安、睡眠不足、空腹）」に目もくれず、「速い引き金（騒ぎ）」だけに焦点を当ててしまうと、感情面で支援を必要としている生徒に何の利益ももたらしません。

ここで挙げた二つの例は、必ずしも衝動のコントロールに障害があるという兆候を示すものではありませんが、それぞれの生徒にはそのような行動パターンがあるかもしれません。その場合、「遅い引き金」と「速い引き金」を特定するといった支援が役に立ちます。

父親が軍役配備のために家を留守にしているため、九年生のリーランドが衝動のコントロールに低下の兆しを示しはじめたとき、教師たちは心配をしていました。些細なことでも、彼はすぐに怒りだしました。動揺し、椅子を後ろに傾け（何度か転倒）、頻繁に席を外し、「教室から出ていきたい」と訴えました。

リーランドを受け持っている教師たちは、このような事態を解決するために彼と面談を行いました。リーランドは教師とスクールカウンセラーの助けを借りて、「引き金」になっている可能性に関するデータを収集し、機嫌が良い日と悪い日にどのようなことが起こっていたのかを記録しました。

やがて彼は、睡眠不足が原因であると気づきました。そこで彼は、早く登校して朝食をとることで、授業の少し前に落ち着けるようになりました。即効性のある解決策ではありませんでしたが（リーランドの家庭生活は複雑なままです）、彼は自分自身に関する知識を少しだけ得て、コントロール可能な「引き金」の管理方法を学びました。

帰結のなかにあるパターンも調べる価値があります。行動分析では、帰結とは単純に行動によって引き起こされた結果です。帰結は、行動がもっている四つの機能として理解できます。それは、「注目の獲得」、「回避や逃避」、「物や活動の獲得」、および「権力や支配」です。これらの機能は、すべて日常生活のなかにおいてそれぞれの役割を果たしており、ほとんどの場合、これらの目標を達成するための方法を私たちは見つけだしています。よって、これらの機能を毎日使っています。

違いは、これらの機能をどのように実行するかにあります。**表3-2**は、機能ごとに大人の生活場面を例示しています。一つは社会的に受け入れられるもの、もう一つは社会的に問題があるものです。ご覧のとおり、同じ帰結を得るために選択された方法は、望ましいものもあれば望ましくないもの、さらには違法なものまでと多様になっています。

衝動に対するコントロールがうまくできない生徒の場合、目標達成のための選択肢がかぎられているということがあります。彼らは、望みをかなえるために、もっとも短絡的な行動に頼りきっています。彼らがとる行動は、多くの場合、社会的に受け入れられるかどうかは考慮されていません。

パターン分析は、問題となる衝動的な行動への影響を調べる際に役立ちます。

クラスにおいて絶えず叫んでいる生徒は、周囲から注目されることを望んでいるのかもしれません。都合の悪いときに「トイレに行きたい」と言いだす女子生徒は、難しい学習課題から逃れ

表3－2　さまざまな帰結を得るための大人の社会的に受け入れられる行動と受け入れられない行動

帰結	社会的に受け入れられる行動	社会的に受け入れられない行動
注目の獲得	あなたは、同僚に笑顔で「おはよう！」と挨拶をします。同僚は、あなたに挨拶を返します。	あなたは同僚を侮辱し、彼らが怒ると、「冗談が通じないのですか？」と言います。
回避や逃避	あなたは、退屈な会議から失礼のないように中座して、少し休憩しつつストレッチができます。	あなたは会議中に「あーあ、とても退屈です！ 話をやめてくれませんか！」と大声で叫びます。
物や活動の獲得	あなたは、喫茶店で商品を購入します。	あなたは、喫茶店に陳列されているプロテインバーを万引きします。
権力や支配	あなたは、ガッカリした商品のカスタマー・レビューを書きます。	あなたは、払い戻しを求めるメモをレンガにくくりつけて、店の窓に投げ入れます。

るためにそうしているのかもしれません。他人から物を奪う年少の生徒の場合は、「貸してほしい」と依頼するコミュニケーション・スキルが不足している可能性があります。そして、あなたが別の席に移動するように頼んだときに「話しかけないで！」と言う年長の生徒は、権威的な感覚を求めており、あなたの要求に従うよりも友人の前でいい格好をしたいだけかもしれません。

行動の背後にある機能を理解すれば、生徒の意図に関する気づきが提供できますし、問題となる行動に代わるほかのスキルが身につくように支援することができます。

たとえば、挙手をせずに答えを言う男子生徒であれば、教師であるあなたと協力してこの行動を減らすための目標を設定すれば、その行動の改善が図れるかもしれません。安心してあなたの注意を引く方法を学ぶために、彼が手を上げたときは毎回指名するようにして、その行動を強化していきます。

トイレに逃げる女子生徒であれば、頻繁にそうしないように、支援要請の仕方を学ぶことでその行動が改善できます。また、他人から物を奪う年少の生徒の場合は、言葉で要求するスキルを身につける必要があるでしょう。

行動の最後の機能である「権力と支配」を求めることは、恐怖に根ざしているため、その対処が難しい場合もあります。すべての感情のなかで、恐怖は自衛本能に関するものであるため大きな影響力をもっています。注意力と衝動のコントロールに問題がある生徒の場合、「恐怖に関連する感情を処理するのが難しい」という報告がたくさんなされています［参考文献47］。

あなたの要求に従わないといった態度でクラスメイトの前で偉ぶっている年長の生徒は、社会的な地位を失うといった恐れが動機となっています。このような状況を悪化させないために生徒は、何よりもまず、あなたが落ち着いていて、怖くない存在であると知る必要があります。(15) 長期的には、あなたが用意した本のなかから自分が読みたい本を選択するといったように（「さもなければ……」という脅しではなく、本当に）、環境を少し整えればいいでしょう。

もう一つの環境変化は、学習指導を彼の興味と関連づけることです。もっとも効果的なのは、彼との関係を構築して、彼のために前向きなＳＥＬのスキルに関する手本を示すことです。そうすれば、あなたと学校の環境は脅威ではないと理解するでしょう。

衝動に対するコントロールの急激な変化や大幅な遅延は、より深刻な問題をもたらす可能性があります。心理面における外傷を伴う出来事を経験した生徒の場合、同年齢の生徒と比較して衝動のコントロールが劣っているというのが当たり前です［参考文献27］。

幼少期の不遇な経験は、「虐待」、「家族の機能不全」、「社会的不利」という三つの領域に分類されます。衝動に対するコントロールにおいて著しい変化を示した生徒はトラウマを経験している可能性が非常に高く、診断と介入が必要となります。教師は、そのような変化に気づける最前線にいるのです。

満足の遅延

「満足の遅延」の話をすると、ほとんどの教師は「マシュマロ実験」を思い出すでしょう。具体

(15)　国語の時間はもちろん、国語以外でも生徒が一人で読む時間が重視されています。『教科書をハックする』や『教育のプロがすすめる選択する学び』を参照ください。

的には、スタンフォード大学のウォルター・ミシェル（Walter Mischel）が、四歳から六歳までの子どもを対象に実施した独創的な研究です(16)。

子どもたちは、目の前に二つのマシュマロが提供された状況で、研究者から「すぐに食べてもいいけれど、一五分待てばさらに二つのマシュマロがもらえる」と言われました。その後、研究者はマシュマロのある部屋に子どもを一人ずつ入れました。研究者が去るとすぐにマシュマロを食べた子どももいましたが、約束された二つのマシュマロを手に入れようと、長い間、気を紛らわせていた子どももいました。マシュマロが見えないようにして独り言を言ったり、椅子を回したりするなどといった、さまざまな行動をとったのです。

予想どおり、満足を遅らせるという能力は子どもの年齢とともに高くなっていました。予想外だったのは、現在成人となっている参加者に関する縦断研究の結果でした。二つのマシュマロを食べずに待てた人は、満足を遅らせることができなかった人よりも高いＳＡＴスコア(17)と、より活発な脳の前頭前野活動を示したのです［参考文献19］。

このように、達成可能なクラス目標に対してご褒美（報酬）を設ければ、満足を遅らせる能力の強化ができるのです。しかし、ご褒美を与えられるまでの期間が生徒の発達段階に適した期間よりも長すぎると、うまくいかない場合があります。

たとえば、学年の最終日に設定されたご褒美は、幼稚園児にとっては適切とは言えません。幼稚園児にとっての一年は、彼らが生きてきた時間の二〇パーセントに相当するのです！　一日の終わりに提供するご褒美であれば、五歳児にとってはちょうどよい目標となるでしょう。

さらに例を挙げれば、クラスの全生徒がテストで満点をとればご褒美が得られるという目標であれば達成できない場合もあるでしょうが、次の化学のテストにおいてクラスの平均点を上げるという目標であれば達成できるかもしれません。

不可能な目標を設定してしまうと、生徒のやる気は高まりません。一部の教師は、ビー玉の入った瓶や温度計などといった道具を使って、生徒の獲得したものが蓄積されていく様子が確認できるようにしています。

二年生を教えているカレン・フランクリン先生はスポーツファンで、彼女の教室には地元のプロや大学のチームに関連するアイテムがたくさんあります。彼女は、生徒自身の成績がクラスにどれだけ貢献しているのかが確認できる電子スコアボードを設置しました。「私は、班のメンバーを助ける、課題を完了する、注意深く親切にするなどといった思いやりのある行動に対してポイントを与えています」と言ったあと、彼女は次のように説明してくれました。

---

(16)『マシュマロ・テスト——成功する子・しない子』（柴田裕之訳、ハヤカワ・ノンフィクション文庫、二〇一七年）として邦訳されています。

(17)SATは「大学進学適性試験」と呼ばれる標準化されたテストで、アメリカの大学入学時に活用されています。

年度初めに、一日の終わりに報酬を与えることからはじめました。それから少しずつ、彼らが目標を達成するために必要な時間を伸ばしていきました。たとえば、クラスで一万ポイントがたまるごとに「フレッシュ・フルーツ・フライデー」(18)を開催しています。

フランクリン先生は、クラスが一万ポイントを獲得するまでには「通常、二、三週間かかる」と語りました。

「現在、私たちは大きな目標を掲げています。クラス全体で一〇万ポイントになったら、自分たちで選んだ場所まで校外学習に行くことにしています」

クラスが目標に到達すると、校外学習の行き先について話し合うそうです。また、彼女は、「この活動は算数の単元目標の一つである、大きな数に対する数感覚を養うのにも役立つ」と指摘しました。

当初に行われたマシュマロ研究では、環境が子どもの満足を遅らせる能力に与える影響については検証されていませんでした。最近、ある研究者チームが、大人がまったく約束を守らなかった場合に悪影響があるかどうかについて検討しました。

対象者は三歳児で、当初のマシュマロ研究を再現したのですが、一つの大きな条件を加えました。それは、研究者が事前に子どもと約束した「画材のプレゼント」について、きちんと約束を守って子どもに渡したグループと、約束を守らずに画材を渡さなかったグループを設定したことです。あとでマシュマロの報酬を遅らせるという選択を与えられたとき、研究者が約束を守らなかったグループの子どもは、食べるまでにわずか三分程度しか待ちませんでした。一方、約束をきちんと守ったグループの子どもは平均で一二分間待ちました。この時間は、幼児が待つ時間としてはとても長いものです［参考文献76］。

この結果は、私たちが子どもたちに教育や指導を行う際、細心の注意を払って一貫性と信頼性を保つ必要があることを示す重要な点となります。子どもたちが満足を遅らせることについて学ぶのは、生きている世界が信頼できるかどうかにかかわってきますので、教室において私たちが発する言葉は、お金と同じくらいの価値がなければなりません。

ストレス・マネジメント

ストレス感情は、環境に対する生理学的な反応です。ストレスがある環境に置かれると、心拍

(18)　栄養補給を目的とした食育の一環として、金曜日に生徒に果物を提供するというイベントです。生徒にとって楽しみなイベントとなっています。

数が増加し、呼吸が速くなり、アドレナリンが放出されます。通常、ストレスはネガティブな状況と関係づけられていますが、正しくは「快ストレス」と「不快ストレス」の二種類に分類されます。

快ストレスは「よいストレス」です。朝の目覚めのよさやモチベーション、パフォーマンス、そしてウェルビーイング[19]にプラスの影響を与えます。一方、不快ストレスはそれらに悪影響を及ぼします。ストレスのたまった生徒[20]は、成績が悪くなり、学習した内容を忘れるほか、校外で学習内容について考えるといったことを避けます。

算数・数学の授業を調査した研究者は、調査結果を分かりやすく次のようにまとめています。「授業によるストレスが、算数・数学の知識の忘却を促進します」［参考文献127］

さらに悪いことに、学習時の高いストレスは、「新しい情報を取り込む能力の低下と関連している」と言うのです［参考文献154］。

生徒は、自らのストレスレベルを認識して、管理するための方法を学ぶ必要があります。おすすめする方法の一つは、ポジティブ思考を使って「態度を選択する」という簡単な方法です。大したことではないように思うでしょうが、うまくいっている事例が多くの教室から報告されています。たとえば、レキシー・サラザール先生は、二年生と話すときに「私はよい仲間です。私は学ぶのが好きです。私たちは、このクラスに誇りをもっています」と言ってポジティブな考えを復唱させています。

　サラザール先生によると、このように言うだけで生徒の自信を高め、ストレスの軽減に役立つそうです。また、簡単な呼吸法はイライラを静め、注意力を高めるにも役立ちます。彼女は、「生徒に教える方法として、バンブルビー（マルハナバチ）の呼吸があります」と説明しました。「目を閉じて深呼吸をし、口からゆっくりと息を吐き、蜂のようにそっとハミングします。これを数回行ってから活動に取りかかります」

　一方、サマンサ・アギレ先生のクラスでは、ストレスや不安を誘発する行事の前に姿勢のフィードバックを行っています。エイミー・カディ(21)は、『〈パワーポーズ〉が最高の自分を創る』（石垣賀子訳、早川書房、二〇一六年）という本のなかで、困難な課題に取り組む前に両腕を横に広げた姿勢（たとえば、腕を上げて広げる）をとった人々は有能感の自己認識が向上した、と報告しています［参考文献24］。

(19)　健康で幸福であり、肉体的にも精神的にも社会的にもすべて満たされた状態のことです。

(20)　実際には不快ストレスのたまった生徒を意味しますが、これからは不快ストレスのことを単に「ストレス」という言葉を使って表記します。

(21)　（Amy Cuddy）ハーバード大学で行動心理学を研究している教授で、「ボディランゲージが人をつくる」というタイトルのＴＥＤトークが有名です（日本語字幕あり）。

カディは、元々「パワーポーズ」と呼ばれていたこの姿勢がホルモンの変化を引き起こした、という仮説を立てました。その後、カディは、ホルモンへの影響に関する主張を取り消しましたが、当初の理論は、公開された五五種類の研究に対する統計的な分析によって立証されています［参考文献26］。

私たちは、ストレスを軽減して自信をつけるために、生徒が姿勢のフィードバックを行っている様子を見てきました。もし、生徒が離席することで脳に酸素を送り込み、自信をつけるのであれば、私たちは「それでいい」と思っています。

もちろん教師は、単に肯定的な承認をして、生徒に対して「前向きに考えるように」と言うだけではありません。生徒のストレスレベルを軽減する（少なくとも増やさない）環境をつくることも同じく重要です。

よって、教室内の環境は、気が散る掲示物の数に注意を払って、きちんと整頓されている必要があります。新しいポスターや生徒の作品などを教室に掲示することには価値がありますが、年間を通して、その数が増えすぎないように気をつけてください。もし、新しいものを掲示するなら、古い掲示物は取り外すようにしてください。

外部の騒音レベルは完全にコントロールできませんが、植物、布張りのソファ、敷物などといった音を吸収するものを使えば、多少なりとも騒音レベルは下がります。そして、生徒に教室のなかで発生する騒音を認識させて、集団が発する音の大きさをコントロールするための方法を教えます。

三年生を教えているベラ・サンチェス先生は、生徒に相対的な音の大きさを知ってもらうために調光スイッチ付きのフロアランプを使用しています。照明が暗いときは本を読んでいる状態なので、生じる音を小さくする必要があります。明るい光は協働学習に取り組んでいるときなので、音の許容範囲が大きくなります。

教室での授業のやり方や課題の出し方を変えれば、(22) ストレスは下げられます。たとえば、試験の一週間ほど前に実施される模擬試験には、生徒のストレスを軽減するといった効果があります［参考文献154］。

模擬試験は本番の短縮版であり、主要なスキルと概念が強調されています。評価はされませんが、生徒自身が成績の分析ができるように採点されます。本番に予想されるものと比較して、現

(22)　原書では「adjusting a classroom's academic structure」となっています。ここでは、模擬試験の仕方についてしか紹介されていませんが、従来の教師／教科書主導の一斉授業の代わりにワークショップやプロジェクト学習などに変えれば生徒のストレス軽減になります。一斉授業は教師主体となっていますが、ワークショップやプロジェクト学習は生徒に主体性（エイジェンシーやオウナーシップ）が委ねられる部分が大きいからです（もちろん、それを負担に感じる生徒もいるでしょうが）。

在の知識レベルが正確に分かれば、ストレスが多くなる本番の試験における不確実性が排除され、さらなる勉強に向かう方向性を生徒に提供することができます。

模擬試験のメタ分析によると、それらが初等および中等教育においては効果的であり、一回実施するだけで十分であると示されました。また、同じ単元で複数回の模擬試験を実施しても、生徒の学習に大きな影響を与えませんでした［参考文献1］。模擬試験におけるプラス面の影響は、生徒自らが結果を分析し、学習をどのように改善していくのかについて計画するといった機会が与えられた場合にのみ実現されるところに注目してください。

最後に、ストレスとその学習への影響について生徒の認識を高めることにも価値がある点を指摘しておきます。多くのSELプログラムには、ストレス・マネジメントに関するいくつかのレッスンが含まれており、このテーマを生徒に紹介する際の効果的な方法となっています。

ジム・ケネディー先生は、五年生の教室において「ストレスを感じているときにするべきトップ10」というチャートをつくって、それについて学んだ生徒が具体的な方法を順次追加していきました。

「最初に挙がった主なものは、呼吸、ストレッチなどでした。年間を通して、勉強でストレスを感じているときは、先生や家族、または友人と話すなどといった項目を追加していきました。これは、自分たちの周りにある支援のネットワークに気づいたことを示しています」

ケネディー先生[23]は、ストレス解消のための呼吸やストレッチの時間を設けたり、その経験について考え聞かせを行ったりして自ら手本を示しています。

コーピング（対処・対応）

第2章では、生徒を育成する際に欠かせない考え方として「レジリエンス」について説明しました。いうまでもなく、レジリエンスは大事な姿勢の一つですが、単独で存在するものではありません。レジリエンスには感情的な要素があり、それには「コーピング・スキル」を使うことが含まれています。

具体的なコーピング・スキルには、ストレス・マネジメントや不安のコントロールに関連するものが含まれます。コーピングと感情調整の相違点に関する検討はこれからとなりますが、現段階におけるいくつかの方法が第4章の「認知調整」の領域に分類されています。また、コーピングのための認知調整の方法には、問題解決スキル、支援要請、社会的なサポートを求めることが

(23)　読み聞かせのバリエーションで、読む代わりに、自分の頭のなかで考えていることを語って聞かせる方法です。詳しいやり方は『読み聞かせは魔法！』の第3章を参照ください。

含まれています。さらに、感情調整の方法には、状況の受け入れ、気晴らし、否定的な「この世の終わり思考」(24)の停止が含まれています。

感情に焦点を当てたコーピングに取り組む際の課題は、不十分な衝動のコントロールによって生じる問題行動のように見えてしまうところです。感情に焦点を当てたコーピング・スキルには、「社会的なサポートと回避・逃避を求める」ことが含まれます〔参考文献22〕。言い換えれば、コーピングの方法には周囲から受け入れられる(望ましい)方法と、受け入れられない(望ましくない)方法があるということです。望ましくないコーピング・スキルには、自分を責める、他人を責める、否定する、引きこもる、などがあります。一方、望ましいコーピング・スキルは、ネガティブな人生における重要事態に対処するうえで重要なスキルとなります。

ストレスと不安のマネジメントを目的とした望ましいコーピング・スキルの一つとして、「気晴らし」と呼ばれている対処法について説明します。「気晴らし」はSELプログラムでよく使われているため、詳しい人も多いことでしょう。

六年生に数学を教えているベサニー・オブライエン先生は、教室や学校外で生徒が使える「健康的な気晴らしリスト」を作成しました。そのなかには、自転車に乗ったり、近所を散歩したり、水を飲んだりするなど、生理的な状況を変えるといったことを目的としているものがあります。彼女は生徒たちに、手と手首の柔軟性を高める指のエクササイズを教えてきました。

「私は以前ピアノを弾いていたのですが、ピアノの先生が指の器用さと強さを身につけるために、指のエクササイズをすべて教えてくれました。これらは血のめぐりをよくするので、生徒に新しい考えを促せるようになります」

また、このクラスでは、精神面での気晴らしに役立つものもリストアップしています。そのなかには、ペットと一緒にいる、本を読む、音楽を聴くなど、生徒たちが提案したものもあります。

一方、オブライエン先生は、「静かな机」(25)の上に色鉛筆とマーカー、そして大人用の塗り絵を何冊か置いています。

「静かな机がとくに好きなのは、クラスを離れることなく場所を変えられるからです。生徒たちは、授業を受けながらも少し離れた場所におれるのです」

最近、彼女は「人との交流」をリストに加えました。これについてオブライエン先生は、次のように説明してくれました。

「私たちは、生活のなかで話ができる人のリストをつくりました。両親、友人、兄弟、私……。この年齢になると、自分のことを心配してくれる人が周りにいることを思い出すだけで状況が好

(24)「破局視」とも言いますが、ある一つの出来事によって破局的な見方をしてしまう状態です。
(25)（quiet table）気持ちを落ち着かせるためのスペースです。

転する場合があります」

また、話すのに最適な人が自分自身というときもあります。一一年生に英語を教えているサミュエル・イトウ先生は、アリストテレスと古代ギリシャ語の「カタルシス（精神面における浄化）」という言葉の由来について生徒たちに教えています。

「劇場で演じられる喜劇や悲劇は観客にカタルシス的な影響を与えると考えられているので、私はまず、それを劇的な物語で紹介しています」

次に彼は、ストレスや不安に対処するためのカタルシスについて、別の手段を紹介します。

「それは、ジャーナル[26]を書くことです。私は、自宅の本棚に置いてある二三年間のジャーナルを撮した写真を生徒たちに見せています」

イトウ先生は、地元のリサイクルショップで購入した全ページが空白になっているノートを大量に保管しており、興味がありそうな生徒に与えると同時に、今は「ジャーナリング・モバイルアプリケーション」の使用を模索しています。このようなアプリはパスワードで保護されているので（鍵付きの日記よりも優れている）、写真やビデオを含めることもできます。

まとめ

感情は学習と行動に影響を与えます。ディーゼルエンジンの調速機と同じように、情報と経験が脳で処理される速度を調整します。しかし、感情が熱くなりすぎると、すぐに脳と体に過剰な負担がかかっている状態になる場合があります。よって、生徒は自らの感情を認識し、正確に「ラベルを付ける」方法について学ぶ必要があります。

感情は、衝動に対するコントロールと満足を遅らせる能力に貢献するといった役割を果たします。一部の生徒は、そうした能力を伸ばすために、より集中した支援を必要としています。ストレスや不安を放置するとこれら二つの能力が衰弱する場合があるため、生徒はコーピングの方法を身につけておく必要があります。

しかし、単に感情調整について話しただけでは、彼らのスキルを十分に発達させることはできません。感情的な自己調整をより良くサポートするために、教室や学校を絶えず点検して、改良を続けていく必要があります。

(26)　日記が個人的な記録であるのに対して、ジャーナルは、自分が考えたこと、発見したこと、疑問に思ったことなどの記録です。さらに、交換することも可能ですので、学びの手段としても効果的です。興味をもたれた方は『増補版「考える力」はこうしてつける』（第６章ジャーナル）、『シンプルな方法で学校は変わる』（二九〜三五ページ）、『感情と社会性を育む学び（ＳＥＬ）』（九六〜九九ページ）、『自然探究ノート──ネイチャー・ジャーナリング』を参照してください。現在では、ブログやフェイス・ブックなども含まれるでしょう。

振り返りのための質問

❶生徒はいつ、どこで自分や他者の感情を識別して、それらにラベルを付ける方法を学びますか？　生徒の感情に関する言葉をどのように増やしていけますか？
❷感情の自己調整を、あなたはどのように教科指導と統合しますか？
❸衝動のコントロールに関して、より多くの指導を必要とする生徒をサポートするために、あなたの学校と教育委員会にはどのようなシステムがありますか？
❹生徒の満足を遅らせる能力を伸ばす機会をつくるのに役立つリソース（人を含めた資源）はどこにありますか？
❺生徒のストレスのレベルを確かめるために、気をつけているサインは何ですか？　それらのサインを見たり聞いたりしたとき、どのような反応をしますか？　同僚にあなたの教室環境の調査を依頼して、生徒のストレスレベルを高める可能性がある物理的・聴覚的な要素を探しましょう。
❻あなたの生徒が用いている、望ましい、あるいは望ましくないコーピング・スキルは何ですか？

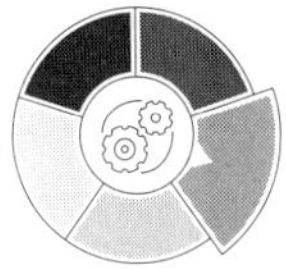

第４章
認知調整

メタ認知、注意、目標設定、問題の認識と解決、支援要請
意思決定、時間の管理と計画するスキル

小学三年生のフィンがワクワクしながら着席しました。まもなく彼は、一か月間取り組んできた課題の発表をマルチメディアを使って行います。「デュアル・イマージョン・スクール」(1)でクラスメイトとのペアに与えられた課題は、自分たちで選んだ国に関するレポートを母語ではない第二言語で作成して発表するというものです。三年生のペアにとっては、一見すると難しいと思われる課題です。

フィンはコスタリカに関する調査と発表の準備をしました。授業がはじまるのを待つ間、彼は

（1）母語のみを話す生徒と習得したい外国語のみを話す生徒が約半分ずつ在籍するクラスを編成し、授業の半分を母語、残りを習得したい外国語で行うという方法を取り入れた学校のことです。

これまで行ってきたことを思い返しました。

課題が最初に発表されたとき、彼は教師から提供された課題の期日とスケジュールについて両親に話していました。彼は、祖父母の家で過ごす予定となっている春休みの前に「ほとんどの作業を終わらせたい」と言いました。しかしフィンは、発表で使用する「デジタル・ストーリーテリング」のアプリについて詳しくないと気づいたため、動画の埋め込み方法など、プログラムのやり方を兄に教えてもらいました。

授業中にコスタリカ国旗の画像を調べようとオンラインで情報収集をしていましたが、その数日後、コスタリカで大統領選挙があることを知りました。彼は、コスタリカの最新情報が発表できるように、教師が設定してくれていたオンラインのスケジュール表に「選挙結果の確認」と書き加えました。

その後、数週間にわたって、フィンとパートナーは発表内容を見直しながら意見を交わしました。彼らは発表内容を微調整し、五分以内に終了できるように練習しました。発表時間を調整するのは大変でしたが、フィンは自分の取り組みに自信をもっていました。今回の取り組みを通して多くのことを学びましたし、クラスのみんなに発表するための準備ができていたからです。

フィンの成功は、少なからず彼の認知調整スキルによるものでした。彼は自分自身の目標（課題の大部分を春休みまでに完了させる）を設定して支援を求め、スケジュール表を使って計画と進捗状況を管理していました。その計画管理は一人で行っていません。教師も、フィンの課題の成功に重要な役割を果たしました。

しかし、多くの学校では、課題の計画、管理、作成は生徒（または保護者）に任されています。(2) このような状況で成功した生徒は、教師から「有能である」、「やる気がある」、「しっかりしている」と見なされる傾向があるため、その成果は、明確なスキルの習得ではなく性格特性によるものと判断されがちです。

フィンと彼のクラスメイトは、幸運にも、それではいけないことをよく心得ている教師が担当していました。フィンの教師は、生徒が認知調整スキルを学び、練習できるように次のような環境を提供していたのです。

・生徒が進捗状況を把握し、管理できるように、途中で確認を求めることを含めた計画表をつくることと、課題をより小さな構成要素に分割している。

---

(2)　私立の中高一貫校の副校長をしている協力者から「学校内で教師と共有したい事項です」というコメントが届きました。

・大きな課題に取り組み、計画し、完了するまでの教師の考え方の見本を示している。
・生徒が意思決定力を身につけられるように、相互に助けあう環境を醸成している。
・ピア・フィードバックを促進するためのパートナー制を設けている。(3)
・課題への参加を促すために、課題の詳細を家族に伝えている。

つまり、フィンの教師は、ＳＥＬの原則（とくに、認知調整）を教科指導に統合していたのです。

前章でも述べたように、ＳＥＬが教室の環境にほとんど統合されずに独立したプログラムとして実施される場合、その目標における達成度は低下します［参考文献70］。この章では、生徒の認知調整能力を伸ばすためにできるＳＥＬの活動に焦点を当てて、教師が毎日行う教科指導ともっとも密接に関連するＳＥＬの能力を探っていきます。

認知調整の定義

私たちは前章で、認知調整と類似している感情調整について詳しく見てきました。一般的に、自己調整学習とは、学習者自身が学習目標の達成に向けて、自らの学習のあり方を調整しながら主体的に学ぶことです。言い換えると、自己調整学習では、生徒が自分の学習状況を把握して、意欲的に取り組む姿を目指します［参考文献159］。つまり、認知調整とは、生徒自身が自分の学習に役立つ行動を主体的にとるという意味になります。生徒は自分の学習に対してより大きな責任を負い、教師が用いるプロセスや方法によって積極的に参加するようになるのです(4)。

前述の自己調整学習の定義を提供してくれたジマーマン（B・J・Zimmerman）［参考文献159］は、自己調整ができる学習者が使う特定の方法に関する価値を次のように指摘しています。「自己調整学習の方法は、学習者による主体性、目的および手段の認識を含む情報やスキルの習得を狙った行動やプロセスです。それには、情報の整理と変換、自己完結、情報の検索、リハーサルや記憶補助ツール(5)の使用などが含まれます」

すべての認知調整は、自分の思考のプロセス（つまり、自分自身がどのように考えているのか）を自覚しているかどうかにかかっています。したがって、メタ認知のスキルは認知調整における出発点となるのです。

（3）ピア・フィードバックの意義とその仕方を教える際には『ピア・フィードバック』が参考になります。
（4）チャンスさえ提供されれば、生徒は教師に方法を提案することも可能となる存在です。
（5）大事な内容や予定を忘れないようにするメモ帳やスケジュール管理アプリなどのことです。

メタ認知

調査によると、早ければ三歳でメタ認知的知識を身につけはじめることが明らかになっています［参考文献95］。メタ認知は、一般的に「自分が考えていることについて考えること」と理解されていますが、正しくは以下の三つのスキルとなります。

❶自分や他者の思考を認識する能力
❷課題達成のために必要な行動を検討する能力
❸それらの行動を実行するために必要な方法を特定する能力

たとえば、初歩的なメタ認知を身につけている就学前の子どもは、ジグソーパズルをどのように完成させたのかという質問に答えたり、何があれば課題が簡単になったか（たとえば、すべてのピースが異なる色または同じ色だった場合）であったり、どのような方法を使って課題を達成させたのか（たとえば、箱の絵を見て、色でピースを並べ替えて、最初に緑のピースを組み立てるなど）について話せます。

このような思考のプロセスをモニター（一三ページの注参照）し、管理する能力は、年齢に関係なくすべての学習者にとって重要であり、あらゆる分野における専門知識の習得と密接に関連しています［参考文献143］。たとえば、メタ認知がどのように教え方の熟練度に影響を与えるのかについて考えてみてください。メタ認知によって授業を計画したり、モニターするだけでなく、過去の授業を振り返り、将来行う授業のために「課題を探して改善する」ことができます［参考文献67］。

メタ認知は、指導を通じて育成することが可能です。もっともよく知られている手法の一つが、「互いに教えあう」です。そのために、文章理解の計画、モニター、および振り返るための手順を生徒に提供します［参考文献116］。

グループになった生徒は、段落ごとに文章を読み、その段落の共通理解を図るために話し合います。その際には、①読んだ内容を要約する、②お互いに質問する、③ほかの人に役立つ明確な情報を提供する、④次の段落を予測する、といったことを共同で行います(6)。

この方法については顕著な学習効果が多く示されており、小学二年生から使用されています。重要な点は、「互いに教えあう」ことで向上する読解力が、読んだ文章の内容ではなく、生徒が

(6)「互いに教えあう」の詳しいやり方は、『「学びの責任」は誰にあるのか』（一四五〜一五〇ページ）を参照してください。

取り組む際のメタ認知を促す指示の仕方に起因していることです。

ジョン・ハッティ（一二三ページ参照）の「互いに教えあう」ことに関するメタ分析では、生徒の学習に対する効果量が「.74」であると考えられています［参考文献56］。これは、一年間の学校教育における進歩の効果量である「.40」をはるかに上回っています（二二〜二四ページの効果量の説明を参照）。この値は、メタ認知を教える価値があるという強い根拠になります。また、メタ認知の指導は、通常の教科指導のなかに組み込まれている場合にもっとも効果を示します。

三年生の担任をしているフアン・コルテス先生は、メタ認知が練習できる機会を教科学習にふんだんに取り入れています。その取り組みの一環として、彼は自らのメタ認知のプロセスを手本として生徒に示しています。

また、毎日考え聞かせをする形で、生徒が学んでいる内容について、彼が頭の中で考えたことを共有しています。たとえば、ギクシャクした友人関係についての読み聞かせの最中、コルテス先生は読み聞かせを中断して次のように言いました。[7]

この本を読んで、友達はお互いに親切にしあうということが分かりました。そして、お互いの気持ちを傷つけたときには謝罪することも分かりました。この本で友達について学んだことの一覧を作成し、別の本で学ぶ場合と比較しようと思います。そして、それらのなかから、自分だったらどれを行うのかについて考えてみます。

次にコルテス先生は、生徒にメタ認知を試す機会を提供します。教室の壁には、生徒が取り組めるメタ認知の行動を書いたポスターが貼られています。それには、次のものが含まれています。

・自分がすでに知っていることを特定する。
・学んだことを要約する。
・自分の知識、スキル、能力をほかの人に伝える。
・目標を設定し、進捗状況をモニターする。
・自分の取り組みを評価し、修正する。

コルテス先生は、年度初めに小さな「個人の目標ノート」をわたし、学校の内外で達成したいことを記入してもらい、どのようなことを学んだかについて振り返ってもらっています。クラスの生徒であるマディソンが、ノートに書いている内容について説明しました。

（7）「考え聞かせ」はメタ認知能力を教える際にもっとも効果的な方法の一つと言われています。『「学びの責任」は誰にあるのか』の五四～六〇ページと、『読み聞かせは魔法！』の第3章を参照してください。

自分の成長について考えていたので、忘れないように書き留めようと思いました。私は（算数の）パターン問題の解き方を学ぶことを目標にしていました。あまり得意ではありませんでしたが、今日はできました。今日取り組んだパターンは理解できたので、少しは進歩したと思います。そして、コルテス先生に別の練習問題を出題してもらい、もう一度できるかどうかを確認しました。

この例では、マディソンがメタ認知に取り組み、学習するにつれて自己調整力が高まっている様子が分かります。もちろん、マディソンはまだ教師からの指導ややり方を教えてもらう必要はありますが、学習過程のなかで自分の思考により多くの責任を負い、解決策を試してみたいという熱意を示しているように、より意欲的になっていることが分かります。

注意

自らの思考について考える能力が高まると、行動を変えるためにその思考の方向づけができるようになります。注意とは、そうした思考の典型的な例であり、授業のなかでも価値が高いものです。

生徒が学校に通うようになると、時には「単調である」と感じるかもしれない状況（たとえば、教師の講義、長時間の読み書き課題など）において長く注意力を維持する必要に迫られます。一般的に、児童期の生徒は通常五分から一〇分は維持できるとされていますが、相対的な持続時間は課題によって左右されます。なお、内発的に動機づけられた課題に没頭している生徒を観察していると、その活動に対する並外れた情熱に驚かされることがあります。

実は、人の注意力は、断続的に焦点を失うことで中断されています。突然、頭の中にある物事が浮かんできて、集中力が課題やテーマから外れる場合があります。したがって、注意力を維持するスキルは、それを伸ばすことではなく、注意力が失われたあとに課題に戻るといった選択となります。それには、注意が薄れたことに気づくこと、それを完全に回復させるための方法を獲得することが含まれます。

これらの方法には、頭に浮かんだ事柄をメモしてから手元の課題に戻ることや、深呼吸をして再び集中し直すといった簡単なものがあります。

大人は、日常的に注意力と努力を持続させるための方法を使っています。たとえば、やらなければいけない課題がある場合にタイマーを設定するというのは、集中力を高めるために役立ちます。

私たちはよく、ビクトリア朝時代から多くの作品を残した作家であるアントニー・トロロープ

（Anthony Trollope,1815～1882）について、書く授業(8)のなかで生徒に話をしています。トロロープは一五分のタイマーをセットし、その間に二五〇字書くことを自らに課しました。彼は毎日、早朝にこのペースを三時間続けたあと郵便局に出勤していたそうです。この日課を守ることで、彼は三五年間に四九冊の小説を執筆しています［参考文献147］。

もちろん、トロロープが生きていた時代には、携帯型のデジタル端末からの誘惑はありません。過去一〇年間に中高生の前に立った教師なら誰でも、授業中のスマートフォンの使用については毎日のように指導しているでしょう。ところで、スマートフォンが身近にある場合、それによって注意が削がれるひどさはどの程度でしょうか？

ある研究者は、一五分間の学習中における生徒の行動に関する研究を報告し、「実際の学習に費やされた平均時間が一〇分未満であるという事実に落胆した」と述べています［参考文献131］。学習時間の三分の一以上が、ソーシャルメディアとスマートフォンのチェックに費やされていたのです。同様の研究では、生徒が一五分の学習ごとに一分間「スマホ・チェック」ができると知っている場合はより高い割合で学習に対する意識が維持できると示されているだけに、先ほどの報告は憂慮すべき状態だといえます。

ここで、何が起こっていたのかについて考えてみましょう。生徒が気を散らしたのは、実際にはテクノロジー（スマートフォン）が原因ではありませんでした。内面への不安であり、スマホ・

チェックをしないとチャンスや楽しみを逃すのではないかという恐れでした。スマホ・チェックができると知ったとき、彼らはそれをする必要性が少なくなったと感じました。つまり、生徒の不安を減らすために環境を変えれば、彼らの注意力は高められるのです。

この気づきは重要です。意識について明確に教えることはできませんが、教師は学習者である生徒の注意力を高めたり、それを損なわせたりする可能性のある状態に対して大きな影響を及ぼします。たとえば、静かな環境では、テスト、読む授業、書く授業、およびそのほかの学習活動が容易になります。私たち教師はそのことをよく理解していますが、生徒のほうはどうでしょうか？　確実に静かな環境をつくる方法は、彼らにそれをしっかり教えることです。

六年生に理科を教えているヤスミン・ファーハド先生は、意識に対する生物学的影響に関する情報を中枢神経系の授業に取り入れています。ファーハド先生が効果的な学習環境をつくる方法について教えてくれています。

「私たちは、注意と脳の機能、とくに前頭葉と頭頂葉の機能について話しています。私は、これを生徒の読書習慣にまで広げています。たとえば、理科の宿題をしているときにへ

（８）アメリカでは「書く授業」と「読む授業」に分かれていますが、後者においては読解と読書が分かれていることはありません。詳しく知りたい方は、下のＱＲコードで見られるリストをご覧ください。

ッドフォンで音楽を再生するのがよいのかどうかについて話し合います。脳について学んでいることと自分たちの学習環境を関連づけるのです」

ファーハド先生にとっては、社会的、身体的、生物学的な世界について学ぶ理科の授業において、認知調整について学ぶことはごく自然な行いなのです。

「私は、生徒が科学的知識を応用して自己理解を深めるための方法を意図的に探しています。誰もが自分のものにできるという大切な情報とは何でしょう？　マルチタスクのようなものは存在しないのです！　生徒たちは、それが生物学的に不可能である理由について説明できます」

教師のメタ認知は、生徒の注意力にも影響します。優れた教師であれば、落ち着きのなさや注意力の喪失という兆候を示す生徒の察知ができます。さらに、落ち着きのない行動を無礼な性格によるものとしたり、注意力の喪失を生徒自身の欠陥と見なすことは絶対にありません。その代わり、授業のペースと活動を変え、何らかの身体的運動とコミュニケーション（話し合い）を取り入れています。

年少の生徒を教えている教師であれば、これらを「(授業に集中できなくさせている身体のなかの）厄介な生き物を振り払うための頭の休憩（ブレイン・ブレイク）」[9]と説明するかもしれません。一方、年長の生徒を教えている教師であれば、注意力を集中させるための呼吸法を指導したり、ペアによる短い話し合い活動を取り入れるかもしれません。

このような一時的な休憩は、「優れた学級運営の方法である」と広く理解されていますが、失われた注意力を元に戻す方法は学べるのだという感覚を身につけるためにも活用できますし、また活用するべきです。このような休憩とその目的についての説明（つまり、「こうすることで注意力を再び集中させられます」）を組み合わせると、生徒は自らの状態をモニターし、必要に応じてそれを修正・改善するための行動が重要であると認識できるようになります。

たとえば、アメリカ史を教えているイボンヌ・メイソン先生は、教室で「一人で考え、ペアで話し、四人で共有する（Think-Pair-Square）」という方法を使って、再び学習に集中できるようにしています。

まず、ある質問やテーマについて、各自がしっかり考えるための静かな時間をとります。そして、生徒は指定されたパートナーとペアになって自分の考えを共有します。その後、自分のペアともう一つのペアが一緒になって、（正方形の）四人グループで自分たちの考えを共有しあいます。メイソン先生は次のように述べています。

「このような短い会話によって、生徒は学習内容を自分のなかで整理し、ほかの人と自分の考え

---

(9)　授業中に短時間の休憩をとって、改めて授業に集中して取り組めるようにする活動です。

を確認する時間がもてます。教師の話を一方的に聞くよりも、生徒は学習内容に長く注意を払い、より多くのことを学ぶためのスキルやツールが身につくようになります」

三部構成となっているこのルーティーンは、複雑なアイディアを考えるための時間と空間を提供するだけでなく、クラスメイトと協働して責任を果たすという利点もあります。まずは一人で考えてから、次にほかの人と一緒に考えるという習慣は学校や生活のなかで役立つスキルですし、答えが簡単に得られないときに背を向けるのではなく、問題に取り組み続けるために必要とされるスタミナも身につきます。

目標設定

教師の誰かが、生徒について「やる気がない」と言っているのを聞いたことがありますか？もしかすると、あなた自身が誰かに「やる気がない」と言われていたかもしれません。事実、直面している課題に対して「やる気が出ない」と感じたことが一度くらいはあるでしょう。

やる気がない状態には、おそらくいくつかの理由があるでしょう（著者のナンシーは、もう一人のダグが新たに興味をもっているホットヨガを学ぶことについて、このように感じています）。多くの場合、モチベーションが低いという状態は一つの事実に帰着します。つまり、活動自体に対する目標がないという状態です。著者の一人であるダグは、毎回ヨガで行う二六のポーズ[10]を少しずつ改善するという個人的な目標を設定しており、その練習をランニング姿勢を改善するための前提条件としてとらえています。

ダグはまた、インストラクターを各ポーズのお手本にしており、自分が設定した目標に向けて着実に改善していることをモニターしています。簡単に言えば、人のモチベーション、あるいはモチベーションの欠如は、主に個人の目標によって促進されるということです。

このことは、教師にとって課題となります。なぜなら、特定の活動を選択し、ほかの活動は回避できる大人と違って生徒は、通常の場合、私たちが設定したすべての課題に取り組むように期待されているからです。

生徒は一日中学校にいる必要があり、授業が面白いかどうかにかかわらず、授業に出席しなければなりません。モチベーションは目標によって変化するため、学習意欲を高めたいと考えている教師は、生徒が教科学習の目標を設定し、自分でモニターできるように支援する必要がありますす。しかし、学習への影響という点では、すべての学習目標が生徒に影響を及ぼしているわけではありません。「達成目標」と「習熟目標」[11]の違いを詳しく見てみましょう。

(10) ホットヨガの元祖であるビクラムヨガには二六種類のポーズがあります。

達成目標

目標には、学ぶためのものだけではなく、ほかの生徒との相対的な位置づけを把握することを目的としたものがあります。これらの達成目標には、自分の成績をほかの生徒の成績と比較するための社会的比較といった要素が含まれています。達成目標のよい例は、四点満点による成績評価（ＧＰＡ）[12]です。

たしかに、この目標を設定した生徒は、いくつかの明確な理由で目標を達成するために努力する場合があります。たとえば、ある女子校生が卒業生総代（卒業式で別れの言葉を述べる人物）になりたいと思っている場合をイメージしてみましょう。彼女は、クラス内での順位が大学進学に影響を与えることを知っているうえに、両親がよい成績をとることを重視している、と考えられます。

ただし、達成目標の追求には代償[13]を伴う可能性があります。成績の最上位をめぐる激しい競争は、負担が大きくなる特進クラスを選択しなければなりませんし、大好きなオーケストラの授業の放棄を意味するかもしれません。

このことは、著者ナンシーの娘が一二年生のときに直面したジレンマでした。一一年生の終わりに、彼女と別の生徒がＧＰＡの上位者に選出されました。彼女は、卒業生総代に指名されるために特進クラスの授業を一定数受ける必要があると考えていましたが、そうしてしまうと、大好きなオーケストラの授業は受けられません。

最終的には、ナンシーの娘はオーケストラ・クラスに留まることに決め、後悔することなく、卒業式で「開会の辞」を述べる卒業生（サルータトーリアン）として一年を終えました。のちに彼女がこう言っています。

「人生で一番忙しい時期にバイオリンを弾き続けました。バイオリンの技術を高めるために、私にとっては貴重な一年が得られました」

ナンシーの娘はよい大学に入学し、大学のオーケストラ（楽しむためのオーケストラ）で演奏しつつ、コンピューター・サイエンスの学位を取得しています。

---

(11)　前者は「perfomance goal」の訳で、「遂行目標」や「業績目標」などとも訳されています。後者は「mastery goal」の訳で、「習得目標」や「熟達目標」などとも訳されています。一般的に、前者は自分の能力を証明すること、後者は自分の能力を向上することが目標になります。

(12)　主に高校や大学で用いられている成績評価方法です。履修科目ごとに五段階（秀、優、良、可、不可など）で評価し、それらを順に四点から〇点に得点化し、全科目の取得単位に応じて算出した平均得点を「ＧＰＡ（grade point average）」と呼びます。この値によって、履修科目の制限や留年などの措置がとられる場合があります。さらには、大学や大学院入試の際におけるもっとも重要な指標ともなっています。

(13)　高い学力の高校生に対して、カレッジ・ボード（College Board）が大学レベルのカリキュラムを与えています。

達成目標は本質的に悪いものではありませんし、達成目標志向をもつことも悪くはありません。実際には、とても人間的であり、達成したい、認められたい、評価されたいという自然な欲求を反映しているだけです。しかし、生徒の目標が主に成績自体である場合、それが学習を台無しにしてしまう可能性があります。

達成目標志向の生徒は、「賢く見える」ことや「愚か者と見なされない」ことを気にしている場合があり、より高いレベルの不安を示します。最悪の場合、達成目標志向はリスクを冒して挑戦するといった姿勢を妨げてしまう可能性があります。また、より難しいコースで能力を伸ばそうとするのではなく、A評価が保証されているため、それほど挑戦的ではないコースを受講する生徒がたくさんいます。より難しいコースだとクラスメイトよりも成績が悪くなる場合があるわけですが、それを回避しようとしている点においては「達成回避目標」の例となります。

習熟目標

習熟目標は、達成目標とは異なって学習自体に焦点を当てており、ほかの人の成績に関係なく、自分のベストを尽くすことを目的としている傾向が強いです。習熟目標の考え方をもつ生徒は、学習においてとてもレジリエンスがあり、粘り強く、学校に対してより前向きな態度を示し、成功（ないし失敗も）を自分自身の努力に帰し、認知およびメタ認知スキルをより効果的に使用しています［参考文献99］。

私たちが掲げる目標の多くは習熟目標です。たとえば、あなたは自分の指導力を向上するために専門書を読んでいることでしょう。年間最優秀教師を目指してはいないかもしれませんが、今年度は昨年度よりも優れた教師になりたいとあなたは思っているでしょう。

達成目標と習熟目標の違いは、スペイン語の授業でA評価をとりたいのか、スペイン語を話せるようになりたいのか、の違いです。よい成績をとることは価値のない目標であると言っているわけではなく、学校教育にすでに浸透している達成目標と並行して、習熟目標に対する志向の育成が重要であるということです。

理科の授業を受けていた一三歳から一五歳の生徒を対象とした調査では、次のようなことを行うと習熟目標志向が持続すると示されました［参考文献113］。調査したところ、生徒は主に達成目標志向をもっていることが分かりました。これらの生徒がのちに、「習熟目標志向の環境」で構成された三週間にわたる理科の夏期講習に参加しました。

この夏期講習は、生徒の興味に沿ったカリキュラム体験ができるように設計されていました。それは、知的な冒険や探究を奨励するものです（たとえば、教師は答えを提供するのではなく、生徒に「あなたはどう思いますか？」と尋ねました）。生徒の学習成果ではなく、(14)生徒の学習プロセスと学習方法に焦点を当てた形成的かつ総括的なフィードバックを提供し、友情や仲間との協力、相互の感情的な支えあいを促進するように工夫された学習環境を備えていました。夏期講習の終わり、参加者が目標志向に関する調査を受けたとき、彼らは習熟目標の志向に変化を遂げていました。

これは、学習環境の構造が生徒の目標に影響を与えることを示す証拠となります。しかし、本当に興味深いのは、同じ生徒が次年度に三回目の調査を受けたとき、学習環境が達成目標志向であったにもかかわらず習熟目標志向が持続していたことです。つまり、習熟に関する考え方を採用して強化していけば、性格特性の一部になる可能性があるということです。

では、教師はどのような学習環境を構築すれば、生徒の習熟目標志向が強化できるのでしょうか？　おそらく、他者との競争や達成目標志向を促進するために行っている「読むテスト」（日本の読解テスト・訳者補記）の成績公表ではなく、生徒自身が読み方を改善するために使っている方法を共有するための掲示板を作成するとよいかもしれません（たとえば、クラスメイトと選書して読んで話し合う、弟に声を出して読むなど）。

生徒に形成的フィードバックを与えるときは、「自己ベスト」の成果について話し合ったり、クイズやテストを通して生徒の成長状況を確認するなど、習熟目標を常に含めるようにしてください。また、生徒の興味や関心にあわせて、既存の習熟目標を活用する学習機会をつくることもできます。

生徒の習熟目標志向を促進するためのもっとも重要な方法は、教師自身が自ら手本を示すことです。教師が自らの学習を絶えずモニターして修正・改善することと、教室に習熟目標志向の文化が拡がっていく状況との間には強い因果関係があります［参考文献52］。これについては、教師自身の学習方法と一致する形で教えることを示すほかの研究結果とも一致しています。

何か新しいことを学んだ経験と、なぜそうすることを選んだのかについて生徒と頻繁に共有してください。筆者の一人であるドミニクは、自身が行っているパドルボード（マリンスポーツ）について、「スキルを向上させるために練習している」と定期的に生徒に語っており、その会話の中心に習熟目標を置いています。さらにこのような会話は、課題に直面したときに乗り越えるためのレジリエンス（六八～七六ページを参照）について議論する機会まで提供してくれます。

一方、ノア・ロドリゲス先生は七年生の理科において生徒と積極的に目標設定に取り組み、事前評価の結果を調べ、その結果に基づいて個々の目標を立てて習熟度を測定しています。生徒が設定したエビデンス（証拠）の示し方に焦点を当てた目標は次のとおりです。

・私は、出典を使用するたびに、引用した文献や資料名を正しく記載します。（アンバー）
・私は、自分のテーマに適した証拠を見つけます。（フレディ）

---

(14)　つまり、日本において中心となっている、成績やテストの点数や実験レポートなどではないという意味です。

・私は、正確な情報を収集し、収集のプロセスを記録します。（オリビア）

このように、生徒が設定する目標はいつも発達段階に沿っている必要があり、生徒は発達・成長するごとに目標を更新するといった機会を定期的にもたなければなりません。

問題の認識と解決

認知調整におけるもう一つの重要な要素は、生徒が問題を認識して解決する能力です。本章の冒頭で紹介した三年生のフィンは、課題を期限内に完成させるためにクリアしなければならない問題の一つとして、一週間祖父母の家で過ごすことを認識していました。彼の解決方法は、祖父母の家に行く前に課題の大部分を完成させるために早めに取りかかることでした。フィンは、自身の問題を解決するためにほかの人から支援を受けて、いくつかの方法を利用していました。

問題解決は、いうまでもなく問題の存在に気づくことからはじまります。この気づきは経験とそれによって蓄積された知識や技能の量と関連しており、私たちは失敗を繰り返すことによって予測するという行為を学びます。このことは、成長マインドセットの研究における重要な前提です。とくに、失敗した試みの原因を振り返る機会が与えられれば、「前向きな失敗」になる可能性があります。

フィンには、課題に取りかかるのが遅かったので失敗したという経験があったと思われます。私たちは、作家のアン・ラモット（Anne Lamott）の兄が同様の経験をして、父親から賢明なアドバイスを受けたという話を思い出します［参考文献81］。

三〇年前、まだ一〇歳だった兄の宿題の話だ。鳥のことを調べる宿題が三か月も前から出ていたっていうのに、提出日の前日になってもまだできていなかった。私たち一家はボリナスの海辺の別荘に来ていた。兄はキッチンテーブルに向かい、バインダーノートと鉛筆、開いてもいない鳥の図鑑や本を前に、今からやらなければならない宿題の量に気圧（圧倒・訳者補記）されて半べそをかいていた。すると、父が兄の横に座り、肩に腕を回してこう言った。「ひとつずつ、ひとつずつ片付けていくんだよ。最初から、一羽ずつね」（『ひとつずつ、ひとつずつ』アン・ラモット／森尚子訳、パンローリング、二〇一四年、六一ページから）

たしかに、失敗することは学習するうえで辛いものですが、とくに見慣れた失敗を振り返れば問題の認識に役立ちます（「この状況は、数か月前に直面したものと同じだ！」）。新しい状況において問題を認識し、解決策を応用する能力は、知識の活用能力の一つです[15]［参考文献119］。

チームスポーツのエリート選手や世界ランクのチェスプレイヤーにも同じ能力が見られます。彼らは、フィールド上でのプレイやチェスの動きから結果を予測し、それが起こる前に先手を打っています。彼らは問題を解決するために、自らの方法を素早くモニターして修正・改良を加えます。つまり、それはパターンの認識なのです。

生徒は、問題を認識して解決するためにしばしば支援と指導を必要とします。生徒からすれば、学習面や対人関係での課題は「解決できない」と感じられるほど大層なものに見え、解決するための気力が失われてしまう可能性があります。もちろん、支援や指導の仕方は発達段階によって異なります。幼い子どもたちの場合は、状況を回復する方法として謝罪の仕方を学ぶことが役に立ちます。しかし、年齢が上がるにつれて彼らの問題はより複雑なものになっていきます。

私たちの学校では、生徒自身では解決できない問題に取り組む際の計画づくりを、問題解決の手順に従って教師が支援しています。

❶生徒の問題や課題について話を聞く。
❷生徒が中心的な問題や課題を、複雑な問題点や気がかりなことから区別できるように、明確な質問をする。
❸教師が理解したとおりに問題や課題を言い直し、記録する。
❹生徒に対して、最初に行うべき正しいことは何かと尋ねる。そして、次の正しいこと、その

次……と続ける。

❺生徒が問題解決のために提案するアイディアを記録する。

❻生徒が行き詰まっている場合は、どのようにはじめたらいいのかについて、いくつかのアイディアを提供する。

❼生徒が計画を実行したかどうかを確認するためにフォローアップ計画を立てる。［参考文献44］

各教科の課題をこなすのに苦労している一〇年生のエリエルを例に挙げましょう。彼女は課題に遅れがありましたが、解決策を考えず、教師を避けるようになりました。しばらくすると、彼女は授業についていけなくなりました。しかし、彼女の担任教師との話し合い（示されている問題解決の手順に従うこと）によってエリエルは、各教科の教師たちと話し、二つの課題を再交渉し、遅れを取り戻すための計画を立てることになりました。

これと同じ問題解決の手順を使って、授業中に複雑な問題を解決しようとしている生徒の支援ができます（エリエルの数学教師は、いつもそれを使っています）。この手順は、段階的に解決法に取り組むため、とても効果があります。

(15)　教育専門用語としては「転移」が使われますが、ここでは「活用」と訳します。

支援要請

効果的に自分の思考をモニターし、修正・改善できる生徒は、解決できる問題と支援が必要な問題（または、問題解決の努力の枠のなかでいつ支援を必要とするか）の区別ができます。

困難や挑戦シーンに直面するたびに助けを求める生徒の場合、辛抱強く自立した学習者になるために必要とされるレジリエンスとやり抜く力が身についていないことを考えると、支援要請と困難を回避する能力の重要性が明らかになります（たとえ、教師から見て助けを求めることが問題解決の唯一の方法であると明らかな場合でも）。常に支援要請を拒む生徒は、自分自身だけでなく教師までいら立たせることになります。

善意のある大人の場合、無意識ですが、レジリエンスやり抜く力の育成と支援要請[16]に関する力の育成について問題を引き起こしていることがあります。その一例として学習性無力感を取り上げます［参考文献92］。

この学習性無力感は、ほかの人や状況を通して教えられます。（生徒自身でできるように）足場を提供する代わりに答えを提供してしまっているのが教師かもしれませんし、生徒[17]が苦労しないように、あまりにも早く、そして頻繁に手助けをしてしまうのも教師かもしれません。

ここで、二つの教室での会話を比べてみましょう。

教室A

生徒　「政府（government）」は、どのように綴りますか？

先生　g o v e r n m e n t です。

教室B

生徒　「政府（government）」は、どのように綴りますか？

先生　一緒に考えてみましょう。あなたは、自分が思っているよりも多くのことを知っていますよ。government の語源は何ですか？

生徒　govern（統治）です。

先生　そのとおりです！　それを綴れますか？　メモ書きしてみてください。

（生徒が「govern」という単語を書きます。）

---

(16) 長い間避けることのできない状況を経験すると、その状況から逃れるための努力をしなくなる現象です。

(17) つまり、生徒の学習性無力感を促しているのは、善意で動く教師だと言っています。

では、接尾語は何ですか？　それを書き足して、正しいかどうか確認してください。
（生徒が「ment」を追加します。）
あなたはどう思いますか？

生徒　正しいと思います。

先生　一人でできましたね！　私は、綴り方が分からない単語を書く場合にも同じ方法を使っています。その単語についてすでに知っているかもしれないと考えて、それが正しいかどうかを確認するために書き留めています。

たしかに、正しい綴りを伝えてしまうのは手っ取り早いですし、教師のほぼ全員がそれを何度も繰り返してきました。率直にいって、質問をしている生徒が小学一年生の場合はほとんどの人が綴りを教えるだけです。しかし、これが年長の生徒であり、使ったことがなくてもある程度の知識があると思われる場合は、教室Bでの問題解決アプローチが優れた選択となります。

教室Aのアプローチのように、生徒が綴りを理解する必要がない、あるいは生徒がそれを理解できると思っていないと考えるのではなく、教室Bのアプローチのように生徒の知識が活用できるようにします。生徒は無力ではありませんし、（それ以上に大切なことは）私たちが生徒に無力であると伝えないことが重要となります。

一方、明らかに支援を要求する状況であるにもかかわらず助けを求めないという生徒がいます。たとえば、運動能力がないにもかかわらず、「スノーブーツを履きたい」と言いながら床を転がり回り、駄々をこね続けている幼児をイメージしてください。

これに似た行動が学校でも見られます。支援するために提供した資料を利用しようとしない生徒です。このような事例はよくあり、私たちの学校では、宿題、遅れている課題の提出、テスト勉強、そして最初はできなかった課題のやり直しなどといった支援をするために多くの個別指導の機会を提供しています。これを「アカデミック・リカバリー（補習）」と呼び、積極的な活用をすすめています。しかし、課題の達成や教科学習の習得ができていないのにもかかわらず、これらの支援を拒否する生徒が常にいるのです。

助けを求めないことには、課題からの回避、課題ができなかったことに対する否認、強い緊張状態に対する自動的な反応など、さまざまな心構えや習慣が影響してきます。こうした生徒を建設的な支援要請へと導くには、アカデミック・リカバリーの機会を再認識させる教師、生徒と個別に会う管理職、より意味のある習慣を身につけるように促す家庭の協力が必要になる場合があります。簡単なことではありませんが、粘り強い生徒になってもらいたいのであれば、私たちも同じくそうしなければなりません。

自分で問題を解決できる場面と支援が必要な場面（そして、支援を受け入れる場面）を見分ける能力を伸ばすための指導目標を明確に設定することはとても重要です。私たちは、サポン－シェビン（Sapon-Shevin）が「支援カリキュラム」［参考文献133］と呼んでいるものに賛同しています。

彼女は、すべての生徒が四つの支援を学ぶ必要があると考えています。私たちはさらに一歩進めて、これら四つの支援を学ぶ必要があるだけでなく、それらの習得は、個人そして社会人としての生活を充実させるために不可欠である、と主張します。誰もが、四つの問題解決の基本を習得する必要があるのです。

❶支援を求める方法
❷誰かを支援する方法
❸支援を受け入れる方法
❹支援に対する心構えができていないときに、丁寧に断る方法(18)

四年生を教えているデヴィッド・グリーンフィールド先生は、生徒が成長するために生徒同士で感情面を支えあう教室環境づくりとして「支援カリキュラム」を利用しています。「私は学校がはじまる初日に支援カリキュラムを紹介し(19)、四つの方法における行動がそれぞれどのように見えるのか、またどのように聞こえるのかについての短い授業からはじめました。そして、私たちが読んだ本や記事のなかで、登場人物が下す決定について話すことが適切な場合にはこれらの方法を使っています」

その結果、生徒たちは、教科書の問題や解決方法が、四つの方法のいずれかに関連している場合が多いと気づくようになりました。たとえば、小説の『クレージー・マギーの伝説』［参考文献141］（ジェリー・スピネッリ／菊島伊久栄訳、偕成社、一九九三年）は、支援について継続的に話し合う話題を提供しています。グリーンフィールド先生が次のように言っています。

「私たちは、小説のなかで主要な登場人物が支援の方法を正しく、またはまちがって実行した場面を一覧にしていきました」

彼は、「支援」という言葉が教室で頻繁に使われるようになっていると述べ、「生徒が行き詰まっていると、クラスメイト同士で助けあっている様子がうかがえます。『僕からの助けが必要ですか、それともまだ自分で取り組みますか？』というやり取りを私はよく耳にします。生徒が協力しあう形で互いに話している様子を見るのはとても素晴らしいことです」と言いました。

---

(18)　ここの四つの「方法」は、「フィードバック」と言い換えることができます。『ピア・フィードバック』には、「支援カリキュラム」の方法が詳しく書かれています。

(19)　もう一つ「どのように感じるか」を扱うと、とても効果的です。このテーマではありませんが、「ブッククラブで見えること・聞こえること・感じること」のテーマで、それらのリストが『改訂増補版　読書がさらに楽しくなるブッククラブ』の二四ページに紹介されています。これをするだけで、たくさんのことに気づけます。

意思決定

問題解決能力は意思決定に直接関係しています。問題解決には、さまざまな可能性や解決策を考え、そのなかから一つを選択して行動を起こすという能力が必要となります。二つの異なる概念（考え方ないし見方）を保持し、それぞれについて考える能力は「認知的柔軟性」と呼ばれています。それは、理論を比較対照できること、仮説を立てること、論理的に考えることなどの学習課題で表されます［参考文献70］。

認知的柔軟性を育てるためには、生徒が意思決定をする機会が必要です。幼児は、二つの物語のどちらを先生が読むのかと、毎日投票するかもしれません。小学生は、クリストファー・コロンブス（Christopher Columbus, 1451?～1506）が歴史物語や現代の文章においてどのように描かれてきたかを比較し、テーマについて議論するかもしれません。ある中学校の教師は「スクラブル・ゲーム[20]」を積極的に行い、クラスで競いあって単語を作成し、生徒がゲームに勝つ方法について話し合う場を意思決定の機会として活用しています。高校生は、南軍の将軍をたたえる学校の名前を調べて、自分たちの意見を表明するために国会議員に手紙を書くかもしれません。

優れた意思決定スキルを身につけるには、生徒が行った選択を振り返り、評価する練習をする必要もあります。高校で解剖生理学を教えているメグ・ノートン先生は、『自分の体で実験したい――命がけの科学者列伝』〔参考文献31〕（レスリー・デンディほか／梶山あゆみ訳、紀伊國屋書店、二〇〇七年）からの抜粋を使って、自らの身体を使って実験した科学者の意思決定について話しています。

「私たちが感染症の原因解明に向けた研究をするとき、自らバルトネラ症(21)を注射したダニエル・カリオン（Daniel Alcides Carrión, 1857～1885）の決断に対する思いを話し合います。結末を言うと、彼は死にました。今、結果を知っている私たちが考えると、『まちがった決断であった』と言うことは簡単ですが、彼がどのようにしてこの決断にたどり着いたのかを推測してもらいたいのです」

ノートン先生の生徒は、カリオンが認識していたであろう賛否両論の意見と、彼が知らなかった意見の一覧表を作成します。

「時に私たちは、知識不足を自覚していないため、正しいと思っていたことがまちがった決断につながるのです」と、ノートン先生は生徒に伝えています。

(20) アルファベットの文字が書かれたコマを並べて、単語を作成するボードゲームです。
(21) 「猫ひっかき病」とも言われます。猫同士でも感染しますし、猫から人にも感染します。

時間管理と計画のスキル

学校で必要とされるすべての情報を覚えておくのは不可能だと気づいたときが、生徒にとっては大きな転換期となります。彼らは、さまざまな事柄を書き留め、何をどうすればいいのかについて計画する必要があります。また彼らは、概念を習得するために勉強する必要があります[22]。要するに、彼らは時間管理と計画するスキルを使う必要があるわけです。

幸いなことに、時間管理と計画するスキルを身につけるのに役立つ足場づくりは、本章で取り上げた「認知的な自己調整」などの要素よりもはるかに一般的になっています。ファイルやノートなどの文具、およびデジタルの管理ソフトが、情報や資料を整理する学習者の検索を容易にしてくれます。また、教師が作成したチェックリストやタイムラインは、コスタリカについてフィンが完成させた課題など（一二九〜一三〇ページ参照）、生徒がより複雑なプロジェクトを計画するときやその修正のときに役立ちます。

大人の世界には時間管理と計画を必要とする場面が至る所にあるため、これらのスキルの発達速度と習熟度が人によって大きく異なっていることに気づきます。一般的に、中学生になると、認知調整能力をある程度身につけた人とそうでない人との間に差が生じます。その差は、時間管理と計画するスキルの重要な要素である学習スキルの領域においてとくに大きくなります。

ジョン・ハッティ（二二ページ参照）は、学習スキルを三つに分類しています［参考文献56］。

・ノートに書いた内容を要約したり、概念を整理したりするなどの学習活動
・自問自答や自らの学びをモニターするなどのメタ認知
・目標を設定したり、計画したりするなどの心構えと動機

この三つをまとめた学習スキルの効果量は「.63」であり、学習成果に強い影響を与えることを意味しています。これらの要素の多くは、本章ですでに説明されていますが、それぞれの能力を独立して使えるかどうかがポイントであり、それができることは認知調整の成果と言えます。

学習スキルと一般的な時間管理と計画するスキルを身につけるための簡単なアプローチは、生徒の注意を喚起することです。次ページの**表４－１**は、ある研究者たちが作成したアンケートをもとにしたものです［参考文献53］。これは、中学生が時間管理と計画するスキル、および学習スキルの知識と心構えについて評価することを目的としたものです。それぞれの項目がどのような領域に分類されるのかを強調するために、質問を再編成しました。

(22)　知識や事実の暗記ではありません！

私は、勉強するとき、同じ種類の問題の例をいくつか出して、問題がより理解できるようにしています。	1	2	3	4	5
私は、同じような問題を自分だけでできるようにするために、すでに解決した例題を見直します。	1	2	3	4	5
私は、複数の問題を解く前に、それらをカテゴリーに分類します。	1	2	3	4	5
浅い学びの方法					
私は、教科書や授業で提示された問題の解答手順を暗記するようにしています。	1	2	3	4	5
私は、テスト勉強をするとき、授業で使ったノートや解いた問題を見直すようにしています。	1	2	3	4	5
私は、勉強するとき、ノートや教科書に載っている問題を使って、手順を覚えるようにしています。	1	2	3	4	5
粘り強さ					
私は、理解できない問題があると、理解できるまで何度も見直します。	1	2	3	4	5
私は、宿題で難しい問題にぶつかったら、諦めて次の問題に進みます。	1	2	3	4	5
学習環境の構築					
私は、気が散らないように勉強する場所を決めています。	1	2	3	4	5
私は、気が散るものを周りに置かないようにしています。	1	2	3	4	5
私は、すべての勉強を集中できる場所で行っています。	1	2	3	4	5

（出所）"Do Teachers' Own Learning Behaviors Influence Their Classroom Goal Orientation and Control Ideology?" by S. C. Gordon, M. H. Dembo, and D. Hocevar, 2007. から許可を得て引用。This article was published in Teaching & Teacher Education, 23. Copyright Elsevier, 2007.

表４－１　学習プロセスの一覧

各項目を１～５の数値で評価してください。あなたの学習への取り組み方にもっとも近いものの数字を選んでください。

セルフ・モニタリング	**まったくしない**		**時々する**	**いつもする**	
私は、小テストや試験前に、その教科をどのように勉強するか計画を立てます。	1	2	3	4	5
私にとって授業で学習目標を立てるのは簡単なことです。	1	2	3	4	5
私は、授業で何を達成しようとしているのかを明確にしています。	1	2	3	4	5
私は、問題を読むときは、何を求められているのかを確認してからはじめるようにしています。	1	2	3	4	5
私は、実際に問題に取りかかる前に、自分のなかでやり方をまとめておくようにしています。	1	2	3	4	5
私は、勉強するとき、習ったことと習っていないことをメモしています。	1	2	3	4	5
私は、勉強時間を適切にモニターし、修正・改善することができます。	1	2	3	4	5
私は、問題を解き終えたら、自分の答えが正しいかどうかを確認します。	1	2	3	4	5
私は、練習問題を解き終えたら、答えにまちがいがないかを確認します。	1	2	3	4	5
深い学びをもたらす方法					
私は、新しい概念や法則について理解したことを確認するために練習問題に取り組みます。	1	2	3	4	5
私は、問題を解くとき、正しい答えを得るための方法が複数ないかどうかについて検討します。	1	2	3	4	5
私は、勉強するとき、異なる情報を組み合わせて新しい方法を考えています。	1	2	3	4	5
私は、問題を解決したり、新しい情報をまとめたりするために、絵や図を描きます。	1	2	3	4	5

七年生に数学を教えているフアン・カルロス・ルイス先生は、年度初めの一か月間にこのアンケートを行い、生徒に学習プロセスについて考えてもらっています。

「この年に紹介する数学は、代数を学ぶために必要な内容ですので、それを習得するために授業時間外で予習や復習をする必要があります。この年齢の生徒の多くは、アルゴリズム（問題を解くための手順）を覚えるだけですべてがうまくいくという考え方に固執しています。しかし、彼らは数学的に考える必要があるのです」

授業では、データを使って平均の値（つまり、平均値、中央値、最頻値）を含むいくつかの数学的計算を行います。とりわけ、彼らは数学者の習慣について話し合っています。

「一〇月初旬（新年度がはじまって約一か月後・訳者補記）の夜に保護者向けの学校紹介の集いがあるのですが、それにあわせて生徒たちには、学習成果と、数学者がもっている習慣の分析に関する短いレポートを作成してもらっています」

また、ルイス先生は、保護者が生徒の支援に参加するほうがよいと感じています。

「中学校の数学はますます難しくなり、保護者は自分たちがどのような手助けをすればよいか分からないものです。そこで私は、保護者に次のように教えています。優れた時間管理と計画するスキルと習熟目標について話すことは、保護者がわが子に対してできる最善の方法です、と」

まとめ

生徒に認知調整を教えることは、ＳＥＬの重要な側面です。生徒に適切な学習機会を提供すると、より意図的で、集中した学習環境が形成されます。その目的は、生徒が自分の考えを認識し、注意を払い（必要に応じて集中力を取り戻すためのスキルを育成し）、目標の設定とモニタリングをし、問題を認識して解決し、意思決定スキルを磨き、時間管理と計画のスキルがあると、生徒に理解してもらうこととなります。

振り返りのための質問

❶あなたは、メタ認知の手本を生徒に示していますか？　生徒に、メタ認知スキルを練習して身につける機会を提供していますか？

❷あなたは、生徒の注意を引くためにどのような方法を使っていますか？　注意が散漫になったとき、学習に再び集中する能力についてのフィードバックを生徒に提供していますか？

❸あなたは、生徒と一緒に目標を設定していますか？　もしそうなら、それはどのような目標ですか？　生徒には、自らの進捗状況をモニターし、設定した目標を再確認する機会がありますか？

❹あなたは、問題を認識して解決する方法を生徒にはっきりと教えていますか？　また、それをするのに十分な時間を提供していますか？

❺あなたは、生徒に意思決定の方法を明確に教えていますか？　より良い選択肢が見つかったとき、決定を見直したり、決定から学ぶ機会を提供していますか？

❻あなたの生徒は、どのような時間管理と計画するスキルを身につける必要がありますか？　授業のなかで、それらのニーズにどのように対処していますか？

第5章 社会的スキル

向社会的スキル、シェアリング、チームワーク、関係構築
コミュニケーション、共感、人間関係の修復

八年生のアニッサが歴史の授業に遅刻してきました。彼女は何も言わずに遅刻届を先生に渡しました。ガルシア先生は、おしゃべりでフレンドリーなアニッサの様子がいつもと違うことに気づきました。

しばらくすると、アニッサは自分の学習グループに加わりました。このグループは、一八〇〇年から一八六〇年の間に北ヨーロッパ(1)からアメリカへ移民した人々を主体的に調査するためにつくられた四つの学習グループ(2)のうちの一つです。自分の学習課題に取りかかることになっている

(1)　北欧四か国に加え、バルト三国、イギリス、アイルランド、アイスランドなどが含まれます。
(2)　教室のなかで学習センターないしコーナーを使った指導法については『一斉授業をハックする』を参照してください。

わけですが、彼女はただ座っているだけでした。

　ガルシア先生はアニッサのところに歩み寄り、彼女に「話したいことがあるの?」と尋ねました。アニッサが顔を上げると、目には涙があふれていました。ガルシア先生は「しばらくの間、私の机に行って座りましょう」と静かに言い、机の横にある「トーキング・チェア」に座るようにと促しました。

　生徒たちはみんな、この特大サイズの椅子に座れば、頭の中にあるものが何でも話せると思っています。彼らは時々、休憩時間や昼休み、放課後にこの椅子に座ります。生徒たちは、ガルシア先生が余計な詮索をせずに、親身になって話を聞いてくれることを知っているからです。

　アニッサが、「本当に大したことではありません」と落ち着きを取り戻して言いました。

「昨夜、友人がスナップ(3)に意地悪なことを投稿したので、私は彼女に『それは、おかしい』と言ったただけです。ほかの人のことだけど、もし誰かに同じことをされたら私はすごく怒ります。それに、ほかの人がどのように思うのかも気になります」

　ガルシア先生が次のように答えました。

「大切な人が納得のいかないことをするのは、本当に心が痛みますよね。そのことで、あなたは人間関係を疑ってしまうでしょう。あなたが彼女に『それは、おかしい』と言ったとき、彼女は何と言いましたか?」

「彼女は腹を立て、私のことを裏切り者だと言いました」

「それは本当につらいですね。正しいことをしたにもかかわらず残念な結果になってしまった場合、次から正しいことをしたくなくなります。前に話し合ったように、嫌われても正しいことをやり続けるというのは簡単なことではありません。ほかにも尋ねていいですか？　対象になった子は大丈夫ですか？　また、その投稿は、カスティーリョ校長に相談する必要があるほど意地悪なものでしたか？」

アニッサは首を横に振りました。

「いいえ、ただ下品なだけでした。それに、彼女はその投稿を削除しています。友達関係を維持しながら、正しいことをする方法が分かりません。放課後にこの続きについて話せますか？」

ガルシア先生は「もちろんです」と言いました。

「いつでも、私と話すことができます。今回のことは、ほかの生徒たちにとっても共感について学ぶよいきっかけになるかもしれません。そして、あなたが他人の視点を理解することも可能となります。あなたと友達が望めば、関係を修復する方法はあります。放課後の話し合いを楽しみにしています」

（3）写真や動画の投稿アプリです。

アニッサが友人との間に抱えていた葛藤は、今の生徒にとっては珍しいことではありません。ソーシャルメディアは、大人が子どものころには経験したことのない方法で軽蔑や傷ついた感情を増幅させるので、若者たちの人間関係をとても複雑なものにしています。と同時に、このような困難な状況にある生徒にとっては、私たちの助言がこれまで以上に重要になっていることを意味します。

いうまでもなく、思春期である生徒の個人的な問題に教師が介入するのは難しく、そもそも、アニッサがガルシア先生に対して心を開かなかった可能性もあります。しかし、いくつかのことがガルシア先生（とアニッサ）に有利に働きました。

・ガルシア先生は、アニッサがいつもの様子と違うことに気づきました。教師や周囲の大人が生徒の様子に気づけるようになるためには、生徒のことを知らなければなりません。
・ガルシア先生とアニッサは、その場での会話ができるような関係を築いていました。
・ガルシア先生は、以前に授業で話し合った「共感」と「人間関係の修復」というＳＥＬのスキルを活用していました。生徒と教師との間で社会的スキルについて話し合うという基礎が一度でも築かれると、そのスキルを身につけるための支援がとても容易になります。

学校での生活や人生において、なくてはならない前向きな社会的スキルや人間関係は伝染していきます。一方、ネガティブなものも同じく伝染してしまいます〔参考文献94〕。良好ではない人間関係はすぐにほかの人に広がり、学習意欲を低下させます。これが、個人レベルと教室レベルで社会的スキルと前向きな人間関係を教えなければならない理由です。

一八〇〇人近くの生徒を対象とした調査では、一人ひとりのウェルビーイング（一一九ページの注参照）の程度によってクラスメイトのウェルビーイングの程度が予測でき、その逆も同様であることが分かりました〔参考文献77〕。よって、ガルシア先生がアニッサのウェルビーイングに注意を払うことは、教室における生徒の人間関係にとってはよい影響を与えます。

そして、ここで見逃してはならない重要な考え方は、「人間関係は教師であるあなたからはじまる」ということです。教師であるあなたは、生徒同士の人間関係を発展させる仲介役なのです。

社会的スキルの定義

人間は、集団の目標を達成するために、互いに協力しあう社会性をもつようにできています。実際、人間が急激に発達したのは、協力し、協働する能力を獲得したときでした〔参考文献123〕。人間言語、道具、およびさまざまなやり方が世代や社会を超えて共有されるようになりました。人間は、すべての文化で見られる向社会的スキルを発達させてきたわけです。

これまでの章で説明した内容のほとんどは、主に人間の脳や心の働きに関連した個人の内側に関する内容でしたが、他者とのやり取りを伴う向社会的スキルの発現にひと役買っています。

向社会的スキルには、支援行動（一五六ページを参照）だけではなく、本章で詳しく説明する「シェアリング」や「チームワーク」が含まれます。これらの向社会的スキルは主体的であり（それが、この名称の由来です）、他者との人間関係を発展させるための基礎となっています。ただし、向社会的スキルと人間関係は別です。つまり、よい向社会的スキルを身につけることができたとしても、必ずしも良好な人間関係が保てるとはかぎりません。

毎日、あなたが見ず知らずの人々への支援、シェアリング、およびチームワークといった向社会的スキルに取り組んでいる回数を考えてみてください。誰かのためにドアを開けたり、別の乗客のために地下鉄の座席を移動したり、スーパーマーケットで辛抱強く並んで待つことは、すべて見ず知らずの人でも集団として機能するために行っている向社会的スキルです。向社会的スキルは、社会的能力を身につけるのに貢献するのです。

向社会的スキルは、人間関係を築き、維持するための前提条件です。向社会的スキルによって、人と人との関係が友情関係にまで発展する場合がありますが、それだけでは不十分です。人間関係には、コミュニケーション、共感、人間関係が損なわれたときの修復方法など、別のスキルが必要なのです。

　他人の経験や感情を理解し、共有する能力である共感は、人間関係において重要な推進力となります。他人の利益を考慮した利他的な意思決定には、十分に発達した共感が必要です。人間関係のスキルは複雑なもので、生徒がより力をつけるためには多くの大人とのかかわりが必要です。まず、教室をコミュニティーに変えることができる「シェアリング」と「チームワーク」という向社会的スキルについての検討からはじめましょう。

向社会的スキル

　向社会的行動は、ほかの人たちの期待度に影響されます。それは、「規範的行動」と呼ばれることがあります。これは、正しい行動またはもっとも望ましい行動様式についての取り決めである「社会的規範」（たとえば、年上の生徒は年下の生徒にもっと寛容になるべき）を反映していることを意味します。

　集団の意見には影響力があります。そのため、一般的な校則（ルール）に留まらない教室の約束事をつくることがとても有効となります（たとえば、話す前に手を挙げる、床に足をつけて椅子に座る）。見ている人がいる場合、そしてその場の社会的規範の影響が強い場合は、子どもも大人も向社会的行動を頻繁にとるという研究結果があります［参考文献62］。私たち著者三人が所属している学校は、本質的に向社会的である三つの規範（約束事）に基づいて運営されています。

❶自分を大切にする。
❷お互いを大切にする。
❸この場所を大切にする。

もちろん、これらの約束事を運用するには、本書で紹介されているＳＥＬの原則にしっかり取り組む必要があります。学校がはじまる最初の週から生徒と教師は、これらの原則を教室で目に見えるように一覧にして示します。その後、教師と生徒は、これらの向社会的規範に沿った教室のルールを協働してつくりだします。

理科教室には、通常、実験器具に関する特定の規則（この場所を大切にする）がありますが、ほとんどの規則は二番目の基準（お互いを大切にする）に含まれています。その例として、「納得できない場合でも敬意をもって話を聞く」や「ほかの人が話せるように発言権を譲る」などがあります。これらの約束事は、チームワークを機能させるために欠かせません。

向社会的行動は、「シェアリング」、「支援」、「チームワーク」に分類されます。支援については、第４章の認知調整（とくに支援要請）のところで説明しましたので、ここでは、利他主義の前段とにします。

階である「シェアリング」と、教室での協力を含む「チームワーク」について掘り下げていくこ

シェアリング

幼い子どもとかかわったことのある人なら誰でも、幼稚園や小学校低学年など、子どもたちの初期におけるシェアリング行動が消極的であることを知っています。多くの場合、大人や年上の兄弟姉妹に促される形で、シェアリング行動が正しいのか、または公平であるのかを知ります。そして、それが社会的規範として認識されるようになります。

小学校（とくに低学年）の教師は、兄弟姉妹が行ったことと同じように、教室のルールに規範的な情報を追加して、シェアリングのルールを超えた行動様式をもたせようとしています。「ほかの誰かとボールをシェアしましょう」と言うのと、「今すぐ、ボールを待っているほかの人とシェアしましょう。それがお互いを大切にする方法の一つです」と言う場合を比べてみてください。

資源や材料を進んでシェアすることは、一部の生徒にとっては難しい場合もありますが、前向きな人間関係を築くための基礎的なスキルとして推進し、練習するだけの価値があります。小学校低学年の生徒が、部分的な資源の共有を二人の友情の証として認識する場合について考えてみましょう［参考文献85］。

幼稚園教諭のカイリー・ファーマー先生は、交代で行うゲームを通して、生徒に協力とシェアリングにおける「ギブ・アンド・テイク」という習慣を身につけていきます。

「私は『ぼくのだ！　わたしのよ！』［参考文献86］（レオ・レオニ／谷川俊太郎訳、好学社、一九八九年）を読むことから一年をはじめます！　この本の内容は、互いに争っている三匹のカエルが、嵐が来たときに初めて、お互いがどれだけ必要な存在であったのかが分かったという話です」と、彼女は言いました。

「カエルの写真を飾って、お互いに『カエル』になりすぎないように気をつけています」

生徒たちがたくさんシェアリングの練習ができるように、ファーマー先生は学習環境を整えています。

「画材、算数で使う教具、タブレットなど、私はよく、二人の生徒が一つの資料や道具で一緒に作業する必要があるように設定しています。彼らのシェアリングが上手になるにつれて、私はグループの人数を三人か四人にします。これは、チームワークのスキルを高めるよい方法です」と、彼女は言っています。

チームワーク

ほかの人と生産的に協働できる能力は、人が社会で生きていくうえにおいて不可欠なスキルであると広く理解されています。この向社会的行動は、「21世紀型スキル」［参考文献118］、またはビジネス界での「ソフトスキル」（七ページの注参照）［参考文献134］として、さまざまな形で説明されています。

ほかの人と協働できる能力は、前向きな人間関係、コミュニケーション、自己調整、目標設定、責任をとるなど、多くのSELに関するスキルを用います。チームワークは、多くの活動（スポーツ、音楽、演劇、遊びなど）において必要です。学校でのチームワークの重要性は、課題を完成するためにメンバー全員の参加を必要とするさまざまなグループ活動に表れています。協働学習(4)は、意味のある学習課題を通じて生徒同士の相互作用を促進するように設計された実践として定義されています［参考文献43］。

四つの机を向かいあわせにして座らせるだけで、協働が行われるわけではありません。また、生徒が課題を分担して行い、短時間だけ一緒に作業して、別々に作成したパーツをつなぎあわせるという光景をよく見かけます。

（４）21世紀型スキルの一つがコラボレーション（協働）であることから、本書の著者たちは「協働学習（collaborative learning）」を使っています。日本でよく知られているのは「協同学習（cooperative learning）」のほうです。両方で検索すると多様な情報が得られます。その違いについては、『「学びの責任」は誰にあるのか』を参照してください。

八年生に社会科を教えているクレイ・ウェスターブルック先生は、グループ発表を行ったときに、次のようなことが数年前から起こっていることに気づいていました。

「生徒たちはそこに立って、一人ひとりが各自で作成した一枚の発表スライドについて話します。同じグループの、ほかのメンバーの発表に関する質問には誰も答えられません。時には、スライドのデザインもバラバラになっていることがありました」と、彼は言いました。

最初はどうしたらいいのか分かりませんでしたが、ウェスターブルック先生が課題の複雑さという視点からこの経験をとらえたとき、状況が変わりました。

「私は、生徒がお互いを必要としない課題を与えていました。生徒が行っていたのは、インターネットからの情報を切り取って貼り付けることだけでした」

ウェスターブルック先生は、二つの重要な変更を行いました。最初の変更は相互評価の導入です。生徒たちは、自分たちのグループが発表する内容と発表形式に関する評価をお互いにフィードバックフォームに記入し、グループ発表の結果と一緒に共有しました。

「これによって、グループ課題への参加が維持されたほか、生徒たちの有益なフィードバックを提供する能力が大幅に向上しました」

二つ目の変更点である「つながる発表」を導入したことで、チームワークを確実に促進させました。

クラスの各チームには、テーマが割り当てられるのではなく、前のチームの発表に基づいて自分たちのテーマを決定する必要がありました。先生が最初の発表を行ったあと、次に発表を行うチームを選んで、そのチームが二番目の発表を行うようにしたわけです。

二番目のチームは、先生の発表から導きだされた質問に答えるため、発表内容を五分にまとめる必要がありました。「私は、それを『発表名人タンク』と呼んでいます」と彼は言いました。

たとえば、『アメリカの創造』の学習単元で活動をはじめるために、「私は自明の宿命説（マニフェスト・デスティニー）[5]についての短い発表からはじめました。最初のチームは、私が説明したオレゴン・トレイルについて興味をもったようで、そのテーマについて発表しました」。

翌週、このチームは、開拓者たちが直面した困難、ドナー隊、住む場所を移動させられたネイティブアメリカンの部族、ルイジアナ買収、エバーグレーズでのセミノール人の生活、アラモの戦いについて発表しました[6]。

（５）　一八四〇年代にアメリカ西部の領土拡大を正当化するために使用されたスローガンです。

（６）　これらの用語は、すべてアメリカ西部への領土拡大に関するものです。

「発表が終了するまで、次に選ばれるチームが分からないため、生徒たちに集中した聞き方を促します」

チームワーク・スキルの発達状態を調べるには、「チームワーク尺度」を使えばいいでしょう[参考文献88]。八項目で構成されている自己評価は、九歳から一五歳の生徒での使用が検証されていますし、一学年の間に複数回使用すれば進捗状況の確認ができます。生徒は、「1（まったく正しくない）」から「5（本当に正しい）」の選択肢[7]を使って、次の記述に対して回答していきます。

・私は、チームで活動することに自信がある。
・私は、チームのメンバーの気持ちを傷つけないようなフィードバックの仕方を知っている。
・私は、ほかの人にフィードバックを求める。
・私は、チームのほかのメンバーを巻き込むように努めている。
・私は、チームのメンバーの貢献を価値があると思っている。
・私は、チームのメンバーを平等に扱う。
・私は、チームのメンバーとコミュニケーションをとるのが得意である。
・私は、リーダーになる自信がある。

ほかの評価ツールと同じく、生徒の回答は、今後の話し合いや目標の設定、互いの成長を祝うといった機会を提供してくれます。

関係構築

人間関係は、生徒の学習生活において重要です。教師と生徒との関係は学力に強い影響を及ぼし、ハッティ（二三ページ参照）によって効果量が「.52」であると報告されています［参考文献56］。また、教師が生徒との関係づくりに努めることは、クラスメイトを含む他者との関係を築く方法について手本を示すことになります。したがって、生徒同士の関係を築く方法を議論する前に、教室において、生徒に期待している健全な人間関係の模範となるよう、教師自身がどのように手本を示すのかということに留意する必要があります。

生徒と教師との関係

対象としている年齢に関係なく、すべての人間関係は敬意と尊重に基づいています。私たち自

（7）このような回答方法を「リッカート尺度」と言います。

身が生徒に敬意と尊重を示さなければ、クラスメイトと健全な関係を築こうと要求することはできません。生徒は、学校内の人間関係のつくり方についての指導を求めており、私たちの行動に目を向けているのです。私たち教師は、生徒との健全で成長を生みだす人間関係の基盤を築くために、次のことを行う必要があります。

・生徒の名前と名前の正しい呼び方を知る。
・私たちが話す言葉だけではなく、顔の表情や態度、声の調子を含めた非言語的情報を通して伝えるメッセージが、生徒のことを受け入れている（または受け入れていない）と感じさせているのかどうかに気を配る。
・生徒の興味を知り、その興味を尊重すると同時にそれらを探求し、さらに興味を広げられるような学習や読書ができる材料を探す。
・家庭訪問、電話、または電子メールを通じて、生徒の保護者と建設的な関係を築く。
・意味を感じられる、質の高い指導を生徒に提供する。

教育界には、「生徒は、あなたがどれだけ気にかけてくれているのかを知るまであなたがどれだけ教科の知識をもっているのかについては興味がない」という格言があります。

思いやりは人間関係の重要な部分です。私たちが人の名前を正しく言い、その人たちの関心事について話し、その人の人生とのつながりを築こうとするとき、私たちは人間関係がどのように構築されるのかという青写真を描きます。私たちが思いやりのある行動を示しさえすれば、生徒たちはお互いに思いやりのある行動をとるようになるのです。

生徒と教師とのより良い関係は信頼と協力で成り立っていますが、同時に、お互いに対する大きな期待をもっていることも特徴と言えます。言い換えれば、「思いやり」とは「いい人」であることだけではありません。生徒は、信頼できる教師によってさまざまな挑戦をさせられたり、サポートされることを期待しているのです。生徒が必要としているのは、「温かい要求者」である教師なのです［参考文献153］。

教育者のデルピット（Lisa D. Delpit）は、温かい要求者は「生徒に大きな期待をし、彼ら自身の輝きを確信させ、規律のある整った環境において生徒自身の可能性が発揮できるように支援しています」と述べています［参考文献29］。これが、生徒の学習を加速させる人間関係なのです。

温かい要求者になるためにあなたができることとして、また生徒とのより良い関係を築くための方法を紹介します（**表5－1**を参照）［参考文献41］。これは、イギリスの「自立的な思考」（www.independent thinking.co.uk）という団体から貴重な情報発信を続けているマーク・フィニス（Mark Finnis）が作成したものです。

23. 経験を説明するために使う言葉は、しばしば経験そのものになります。
24. 難しい会話は必要でしょうか？　驚くほど簡単で、劇的な方法があることを忘れないでください。どんな方法でも、少しは役に立ちます。
25. 鉄は、冷たいうちに打ちましょう(注3)。
26. 私たちは、ほかの人から思いやってもらう形で「思いやり」を学びます。
27. 教えている内容の手本を示していない場合は、別のことを教えていることになります。
28. 聞くという行為は理解するために行うものであり、単に返事を待つことに費やされる時間ではありません。
29. 沈黙は会話の隙間ではなく、会話の一部です。
30. 文化はすべての組織に存在していますが、それはあなた自身が設計したものですか、それとも初期設定されたままですか？
31. サークルになると、すべてがよく見えます。
32. 生徒には笑顔で接しましょう。それはお互いにとってよいことです。
33. 常に別の方法があります。

（出所）Adapted with permission from “33 Ways to Build Better Relationships,” by M. Finnis. Copyright 2018 by Independent Thinking.

（注１）興味深い表現です。生徒との関係を銀行口座にたとえて、できるだけよいことをしよう（プラスの関係づくり）という提案です。引き出す（マイナスになる）ようなことが起きた場合も考えているでしょう。

（注２）これに特化した本が『「居場所」のある学級・学校づくり』です。

（注３）生徒とのかかわりは、問題が起こった（鉄が熱くなった）状態からではなく、普段の状態から行うことが大切であるという意味です。

（協力者からのコメント）ここに書かれている内容は、改めて自分のかかわり方がどうであったかを考えるための、人として大切にしなければならない重要なことが書かれていると感じました。

表５−１　生徒とよい関係を構築するための33の方法

1. 学校に必要な人になりましょう。
2. 学習内容以前に、生徒とつながりましょう。
3. 「人間関係」の銀行に定期預金をしましょう(注１)。
4. 小さな波紋が大きな波をつくります。簡単なことをしっかりやりましょう。
5. 物事を100％になるまで改善する必要はありません。むしろ、100のことを１％ずつよくしていきましょう。
6. 生徒のことをよく知るとともに、生徒にあなたのことをよく知ってもらいましょう。
7. 恥ずかしがらずに、愛情をもってかかわりましょう。
8. 学ぶために学校に来る生徒もいれば、愛されるために来る生徒もいます。
9. すべての生徒（および大人）には、擁護者（ないし代弁者）が必要です。
10. 取り組み方には、身体的、感情的、精神的の三つの形態があります。
11. 使用する言葉は、私たちが経験する現実をつくりだします。
12. その生徒は「難しい生徒」ですか、それとも「困難をもった生徒」ですか？　その家庭は「困った家庭」ですか、それとも「困り事を抱えている家庭」ですか？
13. 生徒の人生の早期に、そして問題の早期にかかわりましょう。
14. 嫌がらせなどの行為をする人から切り離しましょう。
15. 健全な関係は、大きな挑戦と大きなサポートのうえに築かれます。
16. 罰は、反省ではなく恨みを生みだします。
17. 常に三つの真実があります——私の真実、あなたの真実、そして真実。
18. 最高の謝罪は行動を変えることです。
19. 「小さなこと」は「大きなこと」です。
20. 帰属意識をつくりましょう(注２)。
21. 生徒のまちがいを見つけるのではなく、生徒の正しいところを見つけましょう。
22. 弱点ではなく長所を強調し、欠陥ではなく才能に焦点を合わせましょう。

生徒同士の関係

教師と健全で成長を生みだすような関係を生徒が経験したとき、彼らはクラスメイトに対してそれらの行動や振る舞いを真似るようになります。クラスメイトとお互いを尊重しながらかかわる方法を教師が教えることで、問題に対する建設的な対処方法を生徒自身に提供することになります。

ほかの生徒たちと健全な人間関係を築いている生徒は、ソーシャルメディア上や拳で怒りを表現するのではなく、問題解決に取り組む傾向があります。生徒同士の関係には大人による手本以上のものが必要となりますが、少なくとも生徒に提供する手本は、他者との関係における基準が設定されています。

社会的な動物である私たちのウェルビーイングには、グループに所属しているという感覚が不可欠です。青年期はとくに困難な時期であり、一〇代は疎外感や無視に対して脆弱な時期です。この発達段階では仲間との関係が重要になり、嫌われていると感じることは学習の喪失につながり、効果量がマイナス「.19」〔参考文献56〕となって、約半年分の学習喪失になります。

人間関係がうまくいっているのかどうかの尺度は、他者との関係性、つまり他者とのつながりを感じる程度を測定するためのものです。仲間との関係性は、仲間があなたを気遣い、尊重し、グループやチームの大切なメンバーと見なしてくれているという認識と定義されています。

　六五校の中高生約一一〇〇人を対象にした調査では、生徒同士の支援行動が重視され、生徒が学習場面で交流する機会があった教室では、仲間との関係性が強いことが分かりました［参考文献100］。何もないところで生徒同士の友情は築けませんが、生徒同士の関係を強化するための場は教師が整えられます。


　九年生の歴史教師であるアジャ・ブキャナン先生は、初日から生徒同士がお互いのことを知れるように授業を構成しています。生徒たちは短い経歴を書いて自己紹介し、その文章を自分でデザインしたワードクラウド(8)に変換します。ブキャナン先生は微笑みながら、「この活動に年齢は関係ありません！」と言いました。

　ブキャナン先生は、「最初の週末までに、自分を含めて全員がお互いの名前を確実に覚えられるようにすること」と伝え、お互いの名前を正しく使うことが敬意の証であると強調しています。彼女は、協働学習を重視した指導を行い（私の目標は、授業時間の約半分を小グループですることなので、それに慣れるように生徒に伝えています）、チームのメンバーとしてうまく機能する

(8)　文字の大きさや文字を色分けして、視覚的に表現する方法です。

ために必要とされるコミュニケーション・スキルを教えていきます。

「これらは人生で必要なスキルであり、単なる歴史の授業に必要とされるスキルではありません。『ほかの人との関係を早く築ければ、仕事や生活が少し楽になります』と生徒に言っています」と、ブキャナン先生は言いました。

他者との関係が重要であるもう一つの理由は、それが私たちのアイデンティティーとエイジェンシーを発達させるからです。マイク・ホームズ先生が教える五年生のクラスでは、週に一回、生徒同士が感謝の気持ちを分かちあう「感謝の輪」という集まりを短い時間で開催しています。

「この活動は、人間関係の構築は言うまでもなく、生徒に学習環境への健全な移行をもたらすほか、さらに話し言葉に関するスキルの練習にもなります」と、彼は言いました。

また、ホームズ先生は、年度初めのころは、生徒が褒め言葉を受け入れるのは難しい場合が多いと語りました。そして、次のように付け加えました。

「しかし、彼らは少しずつよくなります。私は、彼らの自信とプライドが成長していく様子を見るのが大好きです」

ある日の午後、生徒たちはホームズ先生から発せられた次のような褒め言葉を共有しました。
・「アンドリュー、今日は私の数学の問題を手伝ってくれてありがとう。あなたは答えを教えるのではなく、問題を解くためのサポートをたくさんしてくれました」

・「ダルス、昼休みにゲームに誘ってくれて、嬉しかったです。もし誘ってくれなかったら、あのままテーブルに一人で座ったままでした」
・「ナジード、あなたは本当に歌がうまいです。いつか、クラスのみんなの前で歌うべきです」
・「テイラー、あなたはとても勇敢です。あなたは、何事に対しても恐れることなくやれていると思います」

学校との関係

学校との良好な関係が築けず、自分自身を学校コミュニティーの一員であると考えていない生徒は、学校との関係において何かを損なうような事態が発生したとき、それを修復したいという願望を示す可能性があります。

私たちの目標は、生徒が行動する前に考え、行動を振り返り、経験から学ぶ習慣を身につけることです。生徒と学校にいる大人との関係は、このプロセスに大きな影響を与える可能性があります。学校の大人たちを尊重する生徒は、めったに問題行動をとりません。彼らが問題行動を起こしたときには、大切な大人に直接、自分が行ったことに対して償いをしなければならないからです。

また、私たちは、学校全体のことを考える段階に生徒が到達し、悪影響を与えたくないという理由で特定の行動をとらないと決断することを期待しています。多大な労力を必要とする長期的な目標ですが、生徒がこの考え方に達すると大きな変化が起こります。

私たちの学校では、生徒と学校との良好な関係構築が活動の中心になっています。このプロセスについては、学校とそこで学ぶ生徒との関係構築を目的として私たちが書いた『学校や教室で達成感を味わう文化をつくる方法』（未邦訳）［参考文献44］という本で詳しく説明しています。この本は「五つの柱」を中心にして書かれています。要約する形で紹介しておきましょう。

・「ようこそ」と歓迎することは、生徒とその家族が帰属意識をもつための方針を示すことになります。(9)

・「関係を損なわないこと」が、私たちが関係修復のアプローチに入れ込んでいる理由です。(10)

・「言葉を選ぶこと」は、生徒のアイデンティティーとエイジェンシーの感覚を支援する言語を使うことを意味します。(11)

・「学習に遅すぎることはない」という考え方は、学習と行動への介入に関連する方針と実践を意味します。(12)

・「宇宙一の学校」は、継続的な改善に取り組む私たちのビジョンです。(13)

私たちは、単位不足と特定された一一年生のミゲルのことを思い出します。彼は九年生の終わりに退学させられたので、一〇年生としては一度も出席していません。彼は、保護観察官が提出を求めている学校の在籍証明を受け取るために、一一年生（高校の第三学年）になった初日だけ学校に現れました。

　彼は反抗的で無気力でした（少なくとも、学校には来ました）。それでも、彼と関係を築いた英語の先生がいました。彼女は、失敗するたびに彼を擁護しました。彼女は、彼とほかの教師との関係を仲介するようになったのですが、それによってミゲルの行動が変わりはじめました。

　あるとき彼は、「この学校にいる人たちは努力していて、本当に気にかけてくれています。私が何かまちがったことをしてしまうと、学校全体を悪く見せてしまいます。この学校のことを悪

（9）上記の本が未訳なので、これら五つについて読める本を紹介します。この最初の項目については『「居場所」のある学級・学校づくり』と『成績だけが評価じゃない』が参考になります。
（10）これについて詳しく書いてある本が『生徒指導をハックする』です。
（11）この内容ついて詳しく書いてある本が『言葉を選ぶ、授業が変わる！』です。
（12）この学習面については『聞くことから始めよう！』（仮題）、『成績だけが評価じゃない』、『挫折ポイント』などが、行動面については『オープニングマインド』が参考になります。
（13）学校が違うので同じとは言えませんが、日本語で読めるもので一番参考になるのは、『一人ひとりを大切にする学校――生徒・教師・保護者・地域がつくる学びの場』および『教育のプロがすすめるイノベーション』ではないかと思います。

く言われたくないので、今は分別をもって行動しています」と、自分の行動が変わった理由を語りました。

ミゲルは、卒業後に整備士として働いています。この就職は、彼と教師たちとの信頼関係と学校への敬意がなければ起こらなかったでしょう。

コミュニケーション

効果的なコミュニケーションを通じて、クラスメイト、教師、学校との関係が構築され、深められ、修復されていきます。コミュニケーションは学習においても欠かせないものです。生徒には、学習の一環として、読んだり、書いたり、話したり、聞いたりすることが求められます。そして、これらのスキルを身につけられるようにするための教科があります。それは、英語（日本では国語）です。

老若男女を問わず、多くの人々は、とくに感情をかきたてられるような状況においてアイディア、感情、そして反応を表現する場面になると、コミュニケーションをとることが難しくなってしまいます。それは、教室におけるコミュニケーションの学習場面が、特定の安全なテーマに限定されているからかもしれません。あるいは、話すことと聞くことについてテストをしていないからかもしれません。

つまり、これらのスキルは教室であまり注目されていないことを意味します。あるいは、教師がコミュニケーションの方法をすでに生徒は知っていると想定しているため、これらのスキルに注目していない可能性があります。

第３章で述べたように、人の話に耳を傾ける意欲は感情調整の指標です。また、効果的なコミュニケーションや人間関係の構築に必要なスキルでもあります。残念ながら、多くの生徒は、自分が話したあとに相手の話に耳を傾けるのではなく、自分が次に話す内容を考えながら相手が話し終えるのを待っているだけです。アクティブ・リスニングにはいくつかのモデルがありますが、それらのモデルの共通点は次のように要約できます。

よく聴く――話している人に集中して、最後まで話を聴きます。アイコンタクトをとっていなくても、話している人に耳を傾けます。今の話題に注意を払い、ほかのことを考えないようにしてください。その人が言っていることをイメージしてもよいでしょう。

関連する質問または深める質問をする――質問する場合は、今の話題または関連する話題に焦点を絞ってください。質問することで話題から遠ざかるのではなく、相手が話題についてさらに明確にしたり、例を示すようにします。

説明を求める――不明な点がある場合は、追加情報を求めてください。その人の言わんとしていることを知っていると思い込まず、説明を求めてください。

言い換える――重要なポイントを自分の言葉で言い換えて要約します。これによって自らの理解を確認し、聴いていることが示せます。

感情に注意する――メッセージと、メッセージの内容と一緒に発せられる感情を認識します。

要約する――突然、話を終了しないでください。その代わりに、あなたが話したこと、到達した合意、またはまだ議論が必要な点を要約してください。

アレクシス・カルビオ先生が教える四年生のクラスでは、教師がほかの生徒の発言を聞いて、その人に賛成か反対かを定期的に尋ねるといった形で聴くスキルを伸ばしました。たとえば、さまざまな発明家に関するいくつかの記事を読んだあと、発明家の特徴について話し合っている間に教師が生徒たちに、「彼らのアイディアについてチームで話し合うように」と求めました。

カルビオ先生は、「1・2・3・4」[14]を使ってお互いをサポートするように、と生徒を促しました。それは、次のように展開しました。

生徒は、教室の番号付きのテーブルに座り、すべての人に1から5の番号が割り振られました。その後、カルビオ先生はサイコロを振って、各テーブルの4番の人が答える準備ができているはずだ、とクラスに告げました。カルビオ先生はもう一度サイコロを振って、「６番テーブル！」と呼びかけました。

６番テーブルのカネラが立ちあがって、自信満々に話しました。

「発明者がもっておくべき特徴の一つは創造性です。世界が必要とする、新しいアイディアを考える必要があるからです。仮に、誰も必要としないものを発明しても、売り物になりません」

カルビオ先生が再びサイコロを振って、１番テーブルの番になりました。この手法では、話し合いの第二段階では、生徒が前段階のスピーカーに賛成または反対をし、その理由を提示する必要があります。マヤが立ちあがって次のように話しました。

「発明家は創造的でなければならないというカネラに同意しますが、売り物になるかどうかという理由だけではないと思います。たとえ新しいものが売れなかったとしても、彼らは発明家に変わりないと思います」

このような協働的な話し合いを通して生徒はよく学ぶ、という証拠があります［参考文献48］。多くの生徒が、クラスメイトと生産的なやり取りするために必要とされるスキルをまだ身につけ

（14）「Numbered Heads Together」と呼ばれる、協同学習を行う方法の一つです。質問に対してグループで答えを考えますが、回答は教師が無作為に当てた生徒が行うため、全員が答えられるように準備をしなければなりません。詳しくは『先生のためのアイディアブック』を参照してください。

ていないので、学習は抑制されています。人間関係は重要ですが、本書で説明しているSELの側面も同じように重要です。コミュニケーションは学習場面での話し合いだけに留まらず、社会的な（人間関係を構築したり、維持したり、修復したりする）場面においても必要なのです。

生徒の聴く力の向上とコミュニケーションスキル全般を身につけられるようにするもう一つの方法は、コミュニケーション・サークルを使うことです。

コミュニケーション・サークルでは、生徒は自分自身やほかの人の視点について学ぶことができます。サークルは関係修復のアプローチの一部であり［参考文献139］、損なってしまったことを修復するための基盤として機能します。たとえば、サークルのような不安を感じない環境において自分の気持ちを伝えた経験がなければ、被害を加えられたり、関係性を損なってしまったときのような強い不安のなかでの話し合いには積極的に参加しないでしょう。

コミュニケーション・サークルは、一人ひとりの経験には価値がある、自分の気持ちをクラスメイトや教師と共有することが許可されている、クラスメイトが自分の考えに耳を傾けていることを生徒に示します。あとで紹介するサークルの種類に関係なく、参加者には次のような責任と期待があります。

・生徒には、共有するか、共有するように促される機会がある。
・進行役にではなく、生徒はお互いに話し合う必要がある。

・サークルは、規律のためだけに使用されるべきではない。

私たちの経験から言うと、サークルを最初に導入するときのテーマは、賛否が分かれたり、人を傷つけたりすることのない、安全なものであることが大切です。安全なテーマを扱うサークルでは「正しい」答えがない質問を使うため、感情的な負担も少なくなります。ここでは、その例をいくつか紹介します。

・もし、あなたがすごい力をもっていたとしたら、それはどんな力で、なぜですか？
・もし、あなたが動物になれるとしたら、何を選びますか？　どうしてですか？
・あなたの夢の休暇とはどのようなものですか？
・あなたをもっともよく表す言葉は何ですか？
・もし、ある島から出られなくなったとしたら、あなたの欲しいものは何ですか？
・あなたが好きな色は何色ですか？

生徒がやり方を理解し、その体験が心理面において安全であると知ったら、サークルを使って、教室の運営、遊び場でのいじめ、次回のテストに対する不安、人間関係上のトラブルなど、複雑な問題について話し合えます。その意味においても、最初にする質問がとても重要となります。

「このクラスをよりスムーズに運営するために、私は何ができるでしょうか？」という質問からはじめる教師は、教師を中心とした話し合いや批評の場を設定してしまうことになります。これを、「このクラスをよりスムーズに運営するために、私たちには何ができるでしょうか？」と言う場合と比較してみてください。この言い回しであれば、学習環境の構築に関する生徒たちと教師の共通責任を示しています。テーマに関係なく、サークルの焦点は教室にいる全員の成長と振り返りです。

順番に発言するコミュニケーション・サークル

順番に発言するサークルは、グループのメンバー全員に会話の機会が与えられます。（机ではなく）椅子だけで円をつくるか、生徒が立ったまま行ったり、床に座ったりすることをおすすめします。目的がコミュニケーションなので、みんなにアイコンタクトをとってもらいたいのです。

通常、ぬいぐるみやテニスボールなど、手渡しができる特別なものを用意します。それを持っている人だけが話せます。順番に発言するサークルは、メンバー全員に参加してほしい場合に適している方法だと言えます。ただし、生徒が発言を望まないときには強制をしてはいけません。また、話す準備ができていない人は「パス」ができます。

六年生の教師であるダリア・コランジェロ先生は、恒例となっている伝統的行事の開催に向けて生徒たちと一緒に準備をしていました。それは、数マイルほど離れた山で行われるキャンプ体験です。六年生のために、教育委員会全体で五日間にわたって行われます。

コランジェロ先生は、毎年この準備をしています。これは、学校がある市街地に住んでいるほとんどの生徒にとっては最初のキャンプ体験となり、多くの生徒が、初めて家から離れた見知らぬ場所で夜を明かすことになります。生徒たちはこの旅行をいつも楽しみにしていますが、心の中では心配や不安を抱えています。

コランジェロ先生は、手本を示すことがコミュニケーションの方法や感情を表現する際に効果的であると理解していますので［参考文献101］、次のように話しだしました。

ここまで来週のキャンプについてたくさんの情報を提供しましたが、私はとても楽しみにしています。でも、少し緊張もしています。キャンプを前にして私はワクワクしていますが、あなたたちも同じですか？　サークルになって、私たちがワクワクしていることを一つずつ挙げてみましょう。では、まず私からはじめます。

私は、火曜日の朝に行う予定のハイキングが楽しみです。ハイキングのトレイルで、お気に入りの場所をあなたたちに見せるときが待ちきれません。あなたたちも、私と同じようにハイキングを楽しみにしてほしいです。

コランジェロ先生は、「トーキング・スティック」（発言が許されている人が手に持つもの。ここで先生が使ったのは、地元の大学チームからの小さなお土産で、ビニールのアメリカンフットボールでした）を彼女の左側にいるアリヤナに渡しながら、「何にワクワクしますか？」と尋ねました。トーキング・スティックがサークルを周り、それぞれの生徒が楽しみにしているイベントの名前を言いました。一周してコランジェロ先生の番が再び来たとき、会話を先に進めました。

――このキャンプの準備をしていると、私は時々心配になって、緊張もします。自分の子どもを一週間見られないので、何か悪いことが起こるのではないかと心配してしまうのです。アリヤナは、キャンプで緊張したり、心配事が何かありますか？

生徒たちが不安を示したので、ペースが少し遅くなりました。多くの生徒が家から離れることについての発言をしました。数人の生徒が続けて昆虫とヘビについて話したあと、トーキング・スティックを持ったエリザベスが、「私は、ほかの三人とキャビンをともにすることに神経質になっています。たとえば、着替えです。みんなにからかわれたりしないでしょうか？」と、自分の心配事を表明しました。

彼女の心配事は、ほかの何人かの生徒によって繰り返されました。再びコランジェロ先生の番になったとき、彼女は勇気を出したエリザベスたちを褒めたたえたあと、「プライバシーについて心配している人がいます。これについて、お互いに心配をしなくてもよい方法が何かありますか？」と言いました。

三週目になったときにアイディアを引き出し、再びコランジェロ先生の番になったとき、彼女は彼らの考えを要約し、合意できそうなことについての話し合いに導きました。クラスでは、何か予期せぬことが起こったときのために、スローガン（キャンプで起こったことはキャンプの場だけに留める）を採用しました。また、個人的な心配事に対して面白がる人や恥ずかしがる人もいるでしょうが、生徒たちはお互いに「からかわない」ことに同意しました。

「蚊に刺されたときには役に立たないかもしれませんが、私たち全員が、この方法でお互いを守っていることを知っておく必要があります」と、コランジェロ先生が述べました。

順番に発言しないコミュニケーション・サークル

順番に発言しないサークルでは席順どおりに話さないわけですが、それ以外は順番に発言するサークルとほとんど同じように機能します。順番に発言しないサークルでは、現在の話し手が次に話す人を指名します。話し合いを軌道に戻す必要がないかぎり、進行役（多くの場合は教師）が会話の流れを中断することはめったにありません。

ある朝、レベッカ・フィリップ先生が教えている一〇年生の英語の授業中、エンジェルが手を挙げて、サークルができないかと尋ねました。授業は、母親の息子への献身、許し、道徳的選択、そして自らの行動の結果に焦点を当てた短編小説『彼女の人生の長い年月』〔参考文献18〕（未邦訳）を読むことを含む単元の学習に取り組んでいました。

サークルになって座ったエンジェルは、本の内容が自分にも経験のあることだったので、文章に集中するのに苦労していると告白しました。

「小説の内容を読んで、母が私に『あなたのことがとても恥ずかしい』と言ったときのことを思い出しました。母の発言は、私の成績と家庭における私の行動が原因でした。母と私の関係を修復する方法が自分には分かりません」

この発言に対してほかの生徒たちは、助言や思いやり、そして共感を示しました。エンジェルの家庭状況について「もっと知りたい」と言う人もいましたし、次のテスト期間までに成績が追いつくように支援する、と申し出た人もいました。さらに、家族との対立とその解決方法についての経験を共有した生徒もいました。たとえば、リアムがエンジェルに次のようなアドバイスをしています。

――まずは、自分のしたことだと認めよう。そして、それについて何かをはじめるんだ。あなたがとる態度は、すべて自分の選択次第です。今夜家に帰って、お母さんに「ごめんなさい」と言ってみるとか。そして、お母さんに敬意を表してみたら。彼女は、たった一人のお母さんなんだから。

たしかに、お母さんはあなたをイライラさせるだろうけど、私たちが学んだことを実践すればいい。深呼吸をして、話す前に考えるんだ。そして、よく話し合えばいい。そうすることには価値がある。お母さんともう一度会話をするための方法は、あなたにしか分からないんだから。

エンジェルはこのサークルの最後に、「来週もこのサークルはできますか？　これは私にとってとてもよかったです。今なら、読むことに集中できそうです」と言いました。

のちにフィリップ先生は、感情について話し合うことは、文学を教えるうえにおいて大事な一部であると振り返りました。

「私たちが本を読むことを通して出会う登場人物は、現実の世界という大きな存在について生徒たちが考えるのに役立ちます。そのため、みんなでその内容について話し合うことも必要なのです」

また先生は、生徒たちの文章がよくなっている理由について、「文学は現実の世界を反映しており、現実の世界とそのなかでの自分たちの役割に関する考え方が形づくれると、生徒たちが理解しているからです」と言って説明してくれました。

金魚鉢コミュニケーション・サークル

金魚鉢コミュニケーション・サークルは、サークルを二重にして行います。外側（鉢役）の生徒は、内側（金魚役）の生徒が行う話し合いを見ながら、その内容に耳を傾けます。内側のサークルには、椅子が一つか二つ置かれており、外側の生徒が一時的に内側のサークルに参加できるようになっています。

チャールズ・リー先生が教えているクラスの二年生では、休憩中に遊び場で傷ついた気持ちになった生徒がいたので、金魚鉢サークルで話し合う必要が生じました。リー先生は、「今日、私たちの目標の一つが達成できなかったと聞きました。みんな、私たちが設定した目標を覚えていますか？　内側のサークルに参加して、それについて話したいのは誰ですか？」と言うと、何人かの生徒が内側のサークルに移動しました。

ジャマルが、「お互いを大切にするという目標を立てました。でも、今日、僕たちは休み時間に問題を起こしました」と言いながら、話し合いの口火を切りました。

「僕たちはキックボールをやりたかったのに、十分なスペースがなかったので、お互いを大切にしませんでした」と付け加えたのはケヴィンです。

ディエゴが「彼らにキックボールができないと言ったら、彼らにボールを奪われたので遊べませんでした」と言うと、ルーベンが次のように話しました。

「僕たちはタイマーを使って交代するべきでした。でも、結局、誰もお互いを大切にしなかったので、誰も遊べませんでした」

ジャマルが内側のサークルを去り、カーリーに代わりました。カーリーの発言は次のようなものです。

「みんなが話しているのはキックボールのことなのね？　ジャングルジムでエイミーが私に助けを呼んだときに無視したことだと思いました。ごめんなさい、エイミー。私は怒ってしまっていて、あなたを助けるという、自分のすべきことをしませんでした」

生徒たちは、休み時間におけるそれぞれの行動に責任をもち、お互いを大切にするという目標を達成するためにもっと取り組むことを考えて、そのことについてお互いに約束するという内容の話し合いを続けました。

教師のなかには、サークルに割く時間の多さや、学習時間を損失する可能性を心配している人がいます。先ほどの事例の場合、生徒が休み時間の葛藤にだけ集中して、それらに対処する機会がなかったとしたら、リー先生が計画している算数の授業を行うのは困難だったでしょう。

彼らは、金魚鉢サークルで過ごした数分間でいくつかのことを成し遂げています。まず、自分の気持ちを認識して表現できるようなりました。第二に、休み時間の問題について対処する方法が提供できました。第三に、聞くことや順番に話すこと（両方とも、学年レベルの基準に含まれている）を含むコミュニケーション・スキルの練習ができました。最後に、対立が解消されたことで、全員が算数の授業に集中するだけの力を得ました。

共感

他人の気持ちが理解できるという共感は、人間関係の発達において重要な要素となります。共感について直接教えられるということに関してはかぎられた証拠しかありません。しかし、共感的な反応に取り組む機会を提供すれば、生徒の共感は育てられます。教師が生徒の共感を育む際のガイドラインとして、教師自身が自らの行動を認識すること、文学作品を活用して歴史的および現代的な登場人物に共感できるようにすること、そして教師が共感的な反応の模範を示すことなどがアドバイスされています[15]［参考文献50、52］。

また、生徒の共感を育むことにつながる教師が行える具体的な方法が以下のようにありますので、試してみてください。

感情にラベルを付ける——第3章で述べたように、生徒はさまざまな状況に対する感情的な反応を理解する必要があります。このスキルの延長として、ほかの人の感情を正確に識別するということがあります。たとえとして、ある教師の発言が挙げられます。

「ポールが一人で座っているとき、あなたがポールに話かけるために向かったことに気づきました。彼は『孤独を感じていた』かもしれませんし、あるいは『考える時間を望んでいた』かもしれません」

生徒に自分の感情について説明するようにすすめる——第3章で述べたように、感情について話すことはＳＥＬの重要な部分です。生徒が共感を深めるには、自分だけでなく他人の感情について、言葉にして説明することを学ぶ必要があります。これには、教師の感情や文学作品で出会う登場人物の感情も含まれます。

教師は、第3章の九五ページで紹介した方法を使えば、ほかの人の感情について、言葉にして

(15)『感情と社会性を育む学び（ＳＥＬ）』（とくに第2章）を参照ください。

説明するようにと促せます。生徒が自分の感情を理解してラベルを付けられれば、生徒にとってはより簡単なものになります。たとえば、教師は次のように言うかもしれません。

「このシーンの会話をもう一度聞いてください。この登場人物が今何を感じているのかをどのように説明しますか？　彼に何と言いますか？」

共感的な行動を称賛する――生徒が共感を示したとき、それは注目され、感謝されるべきです。その際の難しさは、必ずしも前向きな気持ちについてだけではないということです。誰かが傷ついたり悲しんでいるときに共感するという場合は、その理由を理解していることを意味します。教師が次のように言うかもしれません。

「ゲームが公平に行われていないことに気づきました。あなたは、公平ではないと思ったときどんな気持ちになるのかを知っています。そしてあなたは、それをより公平にするためにほかの生徒と話し合いました。私はあなたの努力に感謝します。自分自身を誇らしく思ってください」

非言語的な手がかりを教える――意識さえすれば、他人の感情的な状態を示す非言語的な手がかりに気づくための学習ができます。授業を中断して、怒っている生徒や幸せそうな生徒を見て、その生徒が言葉以外で感情を表している方法を話し合うのは失礼なので、「気をつけて」と言います。ビデオや絵本でこれを行うのは簡単です。非言語的な手がかりを特定するために、一時停止をすればいいのです。教師がこう言うかもしれません。

「この写真の人物の表情に本当に心を動かされました。このような表情をしている人を見かけたらどうしますか？　また、何と言いますか？」

怒りで生徒をコントロールしない——教師（および保護者）が怒りながら生徒をコントロールすると、教師（や保護者）に従うかもしれませんが、それは共感を学ぶ機会とはなりません。大人が「私はあなたにとても怒っています」と言ったり、言葉以外の方法や手段を使って怒りを示してしまうと、生徒は心を閉ざしてしまいます。生徒への失望感を露わにしたあと、教師は生徒への期待をリセットできますが、その際に怒りが含まれていると共感を学ぶ機会が損なわれてしまいます。

たとえば、「私はあなたに腹を立てており、あなたは私の昼食時間を五分間奪いました」と言うのではなく、「あなたが私に何も言わずに部屋を出たとき、私はあなたのことが心配になって、仕事が手につきませんでした。何が起こっていたのか教えてくれますか？　あなたは、今後どうしたらいいと思いますか？　そして、何も言わずに教室を出たときの罰は、何がふさわしいと思いますか？」と言い換えてみてはいかがでしょうか。

共感を必要とする仕事を生徒に与える——生き物の世話をすることは、生徒たちの共感を促進します。教室で植物に水をやったり、花壇（バタフライ・ガーデン）を管理したり、教室にいるペットの世話をすることは、共感的な反応を体験させるための方法の一部でしかありません。

生徒が責任を学ぶときには、「利他主義」と「思いやり」を学ぶという証拠がいくつかあります［参考文献96］。プリントの配布と収集に生徒が責任をもつことは、思いやりの倫理と利他的な思考を発達させるのに役立ちます。教師が次のように尋ねるかもしれません。

「ウサギのマデリーンに十分な水を与えていますか？　ウサギが必要とするものを忘れずに与えることは私たちの責任です」


生徒が文学を探究し、登場人物の行動について話し合うにつれて共感が生まれるという証拠もあります。ホセ・エレーラ先生が教える五年生のクラスを例に挙げましょう。生徒たちは、ショッピングモールの動物園に住んでいるゴリラの物語である『世界一幸せなゴリラ、イバン』［参考文献4］（キャサリン・アップルゲイト／岡田好恵訳、講談社、二〇一四年）を読んでいました。

ゴリラのイバンの視点から語られたこの物語を読んで、家族から引き離された象の赤ちゃんの視点から自分の人生を再評価するまではイバンが満足していたことを読者は学びます。エレーラ先生のクラスの生徒たちは、登場する動物を擬人化するだけでなく、作者がゴリラに与えた感情も認めながら物語について話し合いました。ある生徒が、「それはイバンだけではありません。家族を失ったとき、人間も同じように感じます」と言い、別の生徒も、「いつも問題の解決ができるとはかぎりませんが、友達になることはできます」と述べています。

ここで、生徒の共感を育み、別のコミュニケーション手法が身につく、関係修復のアプローチによる方法を紹介します。

感情的な発言でも、教師が（そして、最終的には生徒も）「私」メッセージを使えば感情の表現が変わります。非難しているように感じさせ、防衛的にさせてしまいかねない「あなた」メッセージによる会話が、「私」メッセージを使えば劇的に変化するのです(16)。

このような単純な変更によって、教師から生徒への話しかけから教師と生徒との会話に移行するため、生徒の共感を深められるようになります。したがって、「私」メッセージに転換することは、あなたが自分の気持ちを表明し、生徒が応答する機会を与えることになります。「私」メッセージを使って、そのメッセージの背景にある教師自身の思いや感情を生徒に伝えると、生徒は教師の望みや期待をより理解できるようになります。このような教師と生徒とのやり取りはあくまでも個人的なものですから、教師が生徒の望ましくない行動を止めるためにクラスメイトの前で叱って恥ずかしい思いをさせるといった方法とは異なります。

たとえば、手を肩に置いて、「テイラー、あなたが私と同時に話してしまうと、（私は）あなた

(16)　自分の感情や意思を表現する方法として、「Ｉ（私）メッセージ」と「Ｙｏｕ（あなた）メッセージ」というものがあります。「あなた」メッセージは相手を傷つける傾向があるのに対して、「私」メッセージは相手を傷つけない方法です。

によいアドバイスができません」と静かに言うことは、ルールに則って行動する必要を促すための一時的な効果としてではなく、教師に対する共感的な反応として生徒自身が行動を修正する際に有効な場合があります。

教師の発するメッセージの目的が従順な行動をとらせたい場合、単に言葉で注意を喚起すると少なくとも一時的には効果を示すでしょうが、ただ教師から従うように言われただけでは教師に共感を覚えません。一方、「私」メッセージによる会話は相手の立場に立って考えられるので、話の展開を変えることができます。

人間関係の修復

たいていの場合、学校では生徒が教師やクラスメイトとの関係に緊張感が走ったり、悪化することが避けられないため、生徒は人間関係の修復方法を学ぶ必要があります。この関係修復のアプローチは、より多くの学習がもたらされる環境をつくりだすだけでなく、学校外の生活において成長するための健全な習慣です。

もちろん、生徒が関係修復のアプローチを学ぶためには、成長を生みだす関係が成立していなければなりません。生徒が大人と前向きで健全な関係が築けている場合は、関係が傷ついたときでも、それを修復するために生徒も教師もより熱心に取り組みます。

学校生活のなかにおいて、関係修復のアプローチに重点を置いて取り組みたい教師にもっともおすすめできる方法は「即興の会話」です。生徒の問題行動について、規則が破られているのではなく、生徒同士や生徒と教師との関係に問題があると考えることは、教師にとって大きな転換となります。即興の会話によって、教師は「私」メッセージをより多く使うことになり、スキルの総動員が可能となります。

この方法は、教室内における深刻ではないルール違反に対処する場合に役立ちます。一方、教師がそのような問題に対処できず、小さな問題であっても管理職（ないし、担任以外の生徒指導担当やカウンセラーなどの誰か）に対処を依頼してしまうと、教師だけでなくほかの誰にも共感を示すことはありません。

管理職が「生徒と教師との対立を奪い」、教師に代わって問題解決を図ると、生徒との関係を構築する機会が奪われてしまいます。管理職が迅速な解決を行おうとすると、多くの場合、生徒を叱責し、罰を与え、より良い行動をとるようにと約束させてしまいます。このような場合、さらに問題となるのは、生徒の行動がほかの人にどのような影響を与えたのかについて知る機会がなくなってしまうことです。

教師が関係修復の方法を生徒に教えることはできたはずです。もちろん、その行動が管理職の介入を必要とするほど深刻な場合もあります。ここでは、教師が状況を管理し、主体的に対処している様子を生徒が目の当たりにしたときには修正される可能性がある、深刻ではない問題行動について取り上げます。

私たちの学校では、管理職と教師が協力して即興の会話を可能にしています。教師は、管理職に教室のサポートを要請して、生徒と一緒に廊下に出られるのです。廊下では、以下のように、教師が「私」メッセージを使って懸念事項を伝えて、生徒に対話を求めます。

教師　今、何が起こっていましたか？　あなたが机に突っ伏して寝ているのに気づきました。

生徒　今日は気分が悪いだけです。

教師　うーん、それは問題ですね。今日、私はよい授業をいくつか計画していますが、あなたはそれを受けられないように見えます。しっかり授業に参加できるようになるためには何が必要ですか？　あなたは、普段はしっかり取り組んでいるのですが……。

生徒　授業の内容に少しついていけないだけです。どうすれば授業の内容に追いつけるのか分かりません。

教師　正直に話してくれてうれしいです。私から見ると、あなたはこの授業ではついていけていますが、ほかの授業についての状況を私は知りませんでした。この問題について、今すぐには解決できませんが、昼食時に会えますか？　解決するための計画をあなたと一緒に立てられると思います。

生徒　もちろんです。ありがとうございます。

教師　革新主義時代(17)の話に戻るために、教室に戻りましょう。あなたが授業の内容に追いつけるように、午前中の授業メモについてはクラスメイトのリコに共有してもらうように伝えておきます。

このような即興の会話によって、生徒と教師との関係を損なう前に対立の回避ができます。より深刻な対立の場合は、関係を修復するために即興の会話以上のものが必要となります。そのときは、生徒や教師だけではなく、管理職またはカウンセラー、ならびに生徒の保護者が参加して話し合うことになります。

しかし、これまでのアプローチでは、何か物足りなさを感じる場合があります。生徒が好ましくない行動をとったとき、大人は「なぜそんなことをしたんですか？」と尋ねがちです。「分かりません」という答えしか得られないにもかかわらず、です。

(17)　一九〇〇年前後にアメリカで社会と政治の革新が大きく進んだ時代です。

ほとんどの場合、生徒たちはその行動をとった理由を知りません。そのような質問の代わりに、生徒に尋ねるべきよい質問があります。たとえば、「何が起こっていましたか？」です。生徒は、何が起こったのかについて「分からない」とは言えません。起こったことについて生徒に尋ねるとき、私たちは彼らの立場や見解を共有できるようになります。「何が起こっていましたか？」に続いて私たちは、関係修復のアプローチの研究者たちによって紹介された以下のような質問を使う場合がよくあります［参考文献23］。

・そのとき、あなたは何を考えていましたか？
・その後、あなたは何を考えましたか？
・あなたがしたことの影響を受けたのは誰ですか？　それはどのような形ですか？
・あなたが行ったことで傷ついた人との関係を修復するために、何をする必要があるとあなたは思いますか？

これらの質問から会話をはじめれば、生徒が深く反省して、関係を修復する準備ができているかどうかが判断できます。もちろん、このような簡単な会話によって、傷ついた人や物の償いにおける関係修復が完了するわけではありません。それは事の重大さによって異なります。(18)関係を修復するには、一連の行動が必要になる場合もあります。さらに、権限の喪失、居残り、または停学などといったさらなる結果が生じる場合もあります。しかし、これらの懲戒手続きの一環として（前段として・訳者補記）、関係修復と償いの機会を含める必要があります。

また、被害者が生徒であろうと大人であろうと、先ほどと同じ手順で話をします。従来の懲戒処分のプロセスでは、被害者は後回しにされ、「私（教師ないし管理職やカウンセラー）がこれを処理します。あなたは、今すぐクラスに戻りなさい」とだけ言われます。

このような発言は、被害者に極めて有害なメッセージを送ってしまいます。つまり、被害者は教師や管理職、カウンセラーからのサポートを受けられないため、傷ついた心を自分でケアする必要が生じてしまうのです。私たちが被害者と話し合う際に使う質問も、前出の関係修復のアプローチの研究者たち［参考文献23］が紹介しているものです。

・起こったことに気づいたとき、どのように思いましたか？
・この出来事は、あなたやほかの人にどのような影響を及ぼしましたか？
・あなたにとって、もっとも大変だったことは何ですか？
・あなたがされたことで傷ついたことや、〇〇（加害者）との関係を修復するために何をする必要があると思いますか？

---

(18)　部活動への参加停止や自宅謹慎などです。

これらの会話は個別に実施され、加害者と被害者を一緒にして行われることはありません。被害者と加害者に関係を修復する準備ができた段階で、彼らは償いや関係修復を進める必要があります。あなたがこれまでにトラブルに巻き込まれた経験があるのなら、もっとも難しいのは、自分の行動に対して謝罪し、責任をとることである、と知っているでしょう。

ドミニクは、妹との対立は「自分が責任をとって謝罪するまで終わらない」と両親が言っているのを聞いて育ちました。彼は「ごめんなさい」と言いたくありませんでしたが、それは、彼が自らの行動を後悔していなかったからではありません。彼は、しばらくの間、自分の振る舞いがよくなかったという事実に立ち向かう、精神的につらくて厄介な時間を経験したくなかっただけです。しかし、ドミニクは謝罪をしました。それを行ったことが、彼と妹が今日も親密である理由です。

学校教育においても、同様のプロセスを実行する必要があります。そうすれば、関係が損なわれた場合、教師は加害者が責任を負い、謝罪し、修復を進めるための計画が立てられます。このプロセスは、生徒と生徒、教師と生徒、教師と教師、教師と管理職との関係すべてにおいて実施する必要があります。繰り返しますが、関係修復のアプローチは、次のような前提を踏まえて使われることを忘れないでください。

・被害者には、聴くべき声がある。
・加害者は自分のとった行動に責任を負う必要がある。
・すべての人が、自分の行動を変えることができる。(19)

まとめ

生徒が社会的スキル、コミュニケーション・スキル、共感を学べば、他者との関係を形成し、維持する能力が促進されます。これらのスキルは、公共心を育むために必要な、利他的で責任ある生徒の育成にも役立ちます（第６章を参照）。

人間関係は、人々に生産的なやり取りをもたらし、人生をより楽しくするなどの理由で重要となります。実際、ほとんどの人は、ほかの人との関係は「人生においてもっとも価値のあるものの一つである」と言います。しかし、私たちはいつもほかの人との人間関係で緊張する場合があり、問題を抱えてしまうことも少なくないので、それを修復する方法を知っておく必要がありま す。

(19)　この関係修復のアプローチ、前述のサークルについて分かりやすく書かれているのが『生徒指導をハックする』ですので、参考にしてください。

振り返りのための質問

❶あなたの学校の生徒は、（教師、クラスメイト、そして学校との）強い絆をもっていますか？[20]
❷ほかの人との関係を改善するために、生徒はどのようなコミュニケーション・スキルを身につける必要がありますか？
❸サークル、「私」メッセージ、および「即興の会話」をすでに実施していますか？　これらの方法を使って、コミュニケーションと人間関係をどのように改善しますか？
❹共感の発達は、あなたの教室においてどのような役割を果たしますか？　どのように（または、ほかに）生徒の共感を育めますか？
❺生徒が損なった人間関係を修復する方法を学ぶために、あなたは何をしますか？
❻生徒同士の関係を育むために、既存の協働／協同学習のルーティーンにＳＥＬの要素を意図的に注入するためにはどうすればよいでしょうか？

（20）それを築くためにどのようなことをしていますか？　強い絆＝居場所がある教室・学校づくりには、『「居場所」のある学級・学校づくり』を参考にしてください。

第6章
公共心

他者尊重、勇気、倫理的責任、市民の責任
社会的な正義、サービス・ラーニング、リーダーシップ

ランドルフ中学校の生徒たちは、生徒会選挙に向けて準備を進めています。毎年秋、生徒会長、副会長、会計、書記、および各学年から代表者二人で構成される執行委員を選出します。ヴァレリア・グズマン゠サンチェス先生は、生徒会の顧問を九年間務めています。また、彼女は社会科の教師および学校のディベートチームのコーチとして、市民生活との関係が深い取り組みに情熱を注いでいます。

この学校はアメリカとメキシコの国境地帯にあり、多くの生徒が不法滞在者です。「この国での選挙権がない場合、選挙の概念がかなり混乱すると思われます」と、グズマン゠サンチェス先生は述べています。

「私たちは、自分たちの学校を含むあらゆるコミュニティーにとって、選挙がどのような意味をもっているのかについて生徒に教える必要があります」

彼女の指導のもとで、生徒会執行委員の立候補者は、校則や学校経営に対する生徒の声など、自らの立場を示すための声明文を作成します。また、各立候補者は学校や地域のプロジェクトについても同じく自分の考えを提案します。

「昼食時にアイスクリームを食べるというような提案ではダメですよ」と、グズマン−サンチェス先生が笑いながら言ったあと、「彼らが君主ではなく、有権者のサーバント（奉仕する）・リーダーであることを明確に理解してもらいたいのです」と強調しました。

立候補する生徒は、まずそのための計画を立てる必要があります。

八年生の立候補者であるテリーズは、グズマン−サンチェス先生と面談して計画を立てました。テリーズは、学校が関係修復のアプローチへ移行することを支持していましたが、「そのプロセスに多くの生徒が関与できることを望んでいる」と述べました。「学校の決定プロセスの一部として、生徒による委員会を組織するべきです」と彼女は説明しました。

グズマン−サンチェス先生は同意しましたが、テリーズに対して、詳細についてさらに検討するようにと促しました。

「誰が生徒による委員会のメンバーになりますか？」

テリーズが「生徒会の代表者です」と答えたとき、先生は彼女に疑問を投げかけました。

「一部の人に大きな影響力を集中させています。どうすればより多くの生徒を巻き込むことができると思いますか？」

その後、テリーズはグズマン－サンチェス先生からの指導を一〇分以上受けて、この問題について自分の声明文を具体化しました。

数週間後、彼女は選挙演説のなかで、選出された生徒会執行委員が生徒によって組織されたワークキング・グループに委託して、関係修復のアプローチを行うための生徒による委員会が組織できるかどうかについて、有権者（生徒）の意見を調査し、その結果をもって校長と面談し、その限界と可能性について話し合うと提案しました。

生徒会活動に関連したワーキング・グループのメンバー構成については、完全な計画が提示され、学校側の了承も得られたあとに生徒会によって決定されます。

「私は、一か月以内にこの計画をみなさんに提示することをお約束します。ただ単に、学校で起こるであろう変化について話すだけではありません。私は、私たちの学校に変化を起こします」

と、テリーズは言いました。

いうまでもなく、テリーズが生徒会の執行委員に選出されました。

生徒の市民意識を高めようとしている教師は、学校生活のなかで、自分が誰であり、誰になりたいのかという自意識について学ぶことを促しています。テリーズの最後の声明では、チェンジメーカーであるという、彼女自身のアイデンティティーとエイジェンシーがしっかり提示されていました。

彼女が自分たちの学校生活における問題に立ち向かい、可能な解決策を考えるために行ったプロセスをよく見ると、認知調整の証拠も見られます。テリーズが生徒会活動に真剣に取り組もうとした意欲は、単なる人気投票になりがちな生徒会執行委員の選挙というものをはるかに超えていました。それは、グズマン－サンチェス先生とその前任者によって築かれた、生徒会執行委員の選出方法と生徒たちに対する高い期待によって育まれたものです。

数年前からランドルフ中学校の教職員は、生徒の能力を高める手段として生徒会の組織に着手し、その土壌づくりとしての生徒会活動に対する期待を利用して、サーバント・リーダーシップと公共心の育成に取り組んでいます。

私たちの社会は民主主義に生きる人々によって絶えず形づくられ、再定義されています。民主主義の存続は、各世代の市民的対話を行う能力と意欲にかかっています。市民的対話を行う能力と意欲を育てるためには、何といっても教育が不可欠です。その教育において重要なのは、行政組織や経済、政治、法制度、科学、論理などの学問的な知識だけでなく、ＳＥＬのようなものが重要な要素となります。

あまり目立たないＳＥＬですが、生徒の市民的対話を行う能力と意欲を育てるためには不可欠です。生徒は、とくに思春期という多感な時期に、保護者や家族、コミュニティーから、そしてもちろん教師から、自らの感情をモニターすること、自己調整能力、そして向社会的行動を示す方法を学んでいます。もちろん、学べないこともありますが……。

公共心の定義

私たちは公共心を、自分のコミュニティーにおけるウェルビーイング（一一九ページの注参照）に対する積極的な関心と個人的な貢献、と定義しています。コミュニティーには、家庭、学校、近隣、州や県、地域、国、および世界が含まれます。ＳＥＬのモデルに公共心を含めることで、個人から集団やコミュニティー、社会に向かう側面を強調し、それらのスキルが社会の隅々にまで影響を与えるということを期待しています。

アスペン研究所[1]の「社会性・感情・学業の発達に関する全国委員会」は、教育、研究、政策、ビジネス、および軍隊の出身者二五人で構成されています。二〇一八年の政策文書において委員会は、第一の目標として、生徒がコミュニティーで積極的な役割を果たし、市民生活に貢献する責任を受け入れ、これらの目的を達成するための学習の道筋として、教育における社会性・感情・学習面の発達を統合することを掲げました［参考文献10］。

つまり、これが公共心の大まかな定義です。それでは、生徒の実生活において、公共心がどのようにして行動や態度に表れるのかについて考えてみましょう。

二〇一八年の春、多くの若者が生活における重大な転機を迎えました。このとき、国を揺るがした過去二〇年の事件に追加されたのが、フロリダの高校で起きた銃の乱射事件です（二〇一八年二月一四日）。この事件が理由で、生徒たちは銃という暴力に対する抗議の声を上げました。ご存じのように、政治色の強い社会風潮や銃規制と憲法修正第二条の権利に関して世論が強く反応しました。

憲法修正第二条に関するあなたの意見はともかくとして、このときに高校生グループ(2)が行った市民活動について考えてみてください。彼らは社会に認められた行動を起こし、自分たちの意見を明確かつ非暴力的な方法で示しました。コミュニケーション技術に精通した主催者の生徒は、ソーシャルメディアを使用して情報を配信し、有権者登録集会(3)、ストライキ、抗議運動を調整しました。

このときに彼らは、憲法修正第一条である「言論の自由」と「集会の自由」という権利を利用しました。そして、彼らはさまざまな批判に耐え、公開討論を行いました。

思わず、アメリカの「建国の父」と呼ばれている人のなかに、生徒たちの年齢に近い人がいたことを思い出してしまいます。たとえば、独立記念日である一七七六年七月四日の時点で、ラファイエット侯爵（Marquis De La Fayette, 1757～1834）は一八歳、第五代大統領のジェームズ・モンローは一八歳（James Monroe, 1758～1831）、憲法の実際の起草者であるアレクサンダー・ハミルトン（Alexander Hamilton, 1755～1804）は二一歳、そして「女性のポール・リビア」と呼ばれているシビル・ルディントン（Sybil Ludington, 1761～1839）は一五歳でした。つまり、アメリカは建国以来、若者が市民活動を行ってきたのです。

実際、第三代大統領のトーマス・ジェファーソン（Thomas Jefferson, 1743～1826・独立宣言の起草時は三三歳）が、「教育を受けた市民は、自由な人々として生き残るために不可欠です」と言ったことでこの事実は知られています。

（１）（Aspen Institute）政治、経済などの分野での高度なリーダーシップを育成するためのセミナーを行う団体です。日本には「日本アスペン研究所」があります。

（２）二〇一八年三月二四日、ワシントンで生徒が企画した銃規制要求デモには数十万人が集結したほか、ほかの都市でも行われています。

（３）アメリカでは選挙で投票するために、自ら有権者登録をする必要があります。この手続きは面倒なため、日々の暮らしに追われている貧困層の投票機会が失われる、という指摘もあります。有権者登録をしなければ自分たちの意見や主張が政治に届かないため、集会を開いて有権者登録を呼びかけています。

いうまでもなく、私たちが学校で生徒に教えることは重要です。あるジャーナリストは、フロリダのパークランドで起きた事件に関連した、生徒たちの運動に影響を及ぼした「包括的な教育の力」を認めており、次のように述べています。

演劇、メディア、言論の自由、政治活動、法医学について入念に教えられていた生徒たちは、校内暴力を乗り越える中心となり、見事に対処しました……。標準テストや成績順位を超えたスキルに焦点を当てた課外教育が、自ら市民権を得ようとするために情熱的な市民を生みだしています。［参考文献87］

生徒は、自分自身や他者を尊重することを通して公共心を育みます。これは、コミュニティーの一員としての倫理的な責任を理解することと密接に関連しています。また、社会問題は簡単に解決できないため、困難な問題に直面したときの忍耐力は公共心にとっても非常に重要です。正義に基づく行動は、公正かつ勇気をもって行使されるべきです。コミュニティー・サービスとサービス・ラーニングは、学校での学習に組み込まれています。生徒のリーダーシップを育成することは、生徒自身が本当に大切にしている想いを見つけるのに役立つのです。

生徒たちのなかに醸成される公共心やリーダーシップは、彼らを通してすべて社会に還元されます。人道的で成長を促す未来を描くためには、次世代のリーダーが必要です。次世代のリーダーとなる彼らが学びたいことは、共に生き、共に働くための公共心にあふれたSELに関連するスキルです。

これらのスキルは、課題に直面したときに、「世界にもたらす前向きな変化を追求する」ための行動を起こす際に基礎となるものです［参考文献10］。しかし、現状を見ると、成人の市民活動への参加は悲惨なもので、落胆させられます。いくつかの資料を読むと、次のようなことが書かれていました［参考文献84、32、79］。

・ミレニアル世代（一九八一年から一九九六年生まれ）の三五パーセントは、アメリカの民主主義に対する信頼を失っていると述べ、わずか二五パーセントしか民主主義に自信をもっていませんでした。

・アメリカのミレニアル世代の二四パーセントは、民主主義は国の運営方法として、「悪い」または「非常に悪い」と考えていました。

・政党名を三つ挙げることができるのはアメリカ人の四人に一人だけですが、七五パーセントは「アメリカン・アイドル」(4)への出場者の名前を挙げることができます。

（4）　アメリカで高い人気を誇ったアイドル・オーディション番組です。

・アメリカ人の五人に四人は、礼節の欠如と政治的機能不全が国の発展を妨げていると考えています。
・主要政党の候補者を決める二〇一六年の予備選挙には、約二九パーセントの有権者しか参加しませんでした(5)。

二〇一四年の八年生を対象にした「全米教育進行状況調査(NAEP)」[参考文献150]によれば、すべての生徒が市民としてのリーダーシップを発揮するための準備ができているわけではないようです。公民教育の点数は悲惨な状態で、二三パーセントだけしか合格点に到達していませんでした。この事実は、「市民として投票するだけでなく、『市民のプロセス』に参加する方法や自らを表現する方法を知る必要があります」と述べたサンドラ・デイ・オコナー最高裁判事(Sandra Day O'Connor)のコメントに込められた思いとはほど遠い結果となっています[参考文献51]。

SELに取り組むことによって得られる主な成果は、行動をもたらす市民としての心構えとスキルの修得かもしれません。教室はまさにそれを行うための主要な場所であり、生徒が学校や日常生活で必要とする感情的、認知的、向社会的スキルを統合することによって教師はそれを実現していきます。本書を通して主張しているように、これらのスキルは絡みあっているので、毎週四五分の一単位時間の授業だけでこれらのスキルを育てることはできません。

本章のテーマとなっている多くは、伝統的な人格教育に関連しています[6]。ただし、「性格は複数ある」［参考文献117］ので、「個人と社会に有益な方法で行動し、考え、感じるため」の個人的、対人的、および認知的性質が含まれます。そこで、本章では、家庭、教室、およびより大きなコミュニティーに積極的に貢献するための行動について説明していきます。

他者を尊重する

公共心の核心は他者を尊重することです。これは、他人の存在に我慢するために嫌なことを押し留める「寛容」以上のものです。他者を尊重することは、それぞれの違いに関係なく、すべての人の人生に価値を見いだすことです。さらに、他者を尊重する人は、集団としての強さを、メンバーの類似点からだけでなく、お互いの相違点から生まれることを認識しています。要するに、他人の権利を主張することでもあります。

さて、共感（第５章を参照）ですが、ケアリング[7]の姿勢を必要とするため、他者を尊重するう

（５）似たような調査を日本でも行ったら、大差のない状況が明らかになりそうです。

（６）以後の説明からも分かるように、日本の道徳教育の三本柱（私、あなた、そしてみんな）を扱っています。そして、ここでの説明および本章の内容から、道徳教育も行動を重視する方向に舵を切ることが求められます。

えでとても重要となります。フェミニストで教育者のノディングス（Nel Noddings, 1929～2022）は、これを「ケアの倫理」と呼んでいますが、共感が往々にして自分の気持ちと他者の状況とを比較することによって生まれるものであることに警鐘を鳴らしています［参考文献110］。

私たちはよく生徒に向かって、「それがあなたに起こったらどう思いますか？」と尋ねますが、第一の基準がまるで自分自身の考え方にあるかのように聞こえます。ノディングスは「ケアの倫理での共感は他者が中心であり、自己中心的ではありません」と述べており、真の共感の意味が、他人の考えや感情を聞くために注意深く耳を傾けることにあると思い出させてくれます。

他者への敬意を欠いた共感は、急速な特権意識につながる可能性があります。それは、「団結」ではなく「分裂」という弊害をもたらします。たとえば、障害者疑似体験（目隠しをしたり、車椅子の使用）は、リアルな経験ではなく感覚喪失のみに重点が置かれているために望ましくない活動であると広く批判されています。

障害者疑似体験に関する思いがけない結果がほかにもあります。一部の参加者は、障害がないことにとても感謝している、と報告しています。これは、人々の間の社会的距離が拡大する一因になります。さらに、疑似体験後の調査では、障害者の能力に対して抱いていた考えが低下することが示されています［参考文献25］。

知的障害のあるモニカがクラスに加わったとき、四年生を教えるリア・カッツ先生は、教室内のコミュニティーの基盤として、メンバーシップ、共感、尊敬を保障する必要があると考えました。モニカは、今年から普通教育のクラスに参加するので、誰も知り合いがいませんでした。数か月の間に、カッツ先生はＳＥＬの原則を教科学習に取り入れました。障害について取り上げない代わりに、一人ひとりの違いを認識し、理解することに焦点を当てたわけです。

たとえば、作文を書くという授業を受けた生徒は、与えられたリンゴのユニークな特徴を言葉で説明し、それがほかの一二個のリンゴと一緒にバスケットに入れられたときに、「自分のリンゴを特定するように」と求められました。算数では、彼らは好きなジャガイモ料理（マッシュポテト、ベイクドポテトなど）について家族に調査し、ヒストグラムを使って集計結果をグラフ化しました。これらの授業やＳＥＬを取り入れたほかの授業を通して、まず教科学習に焦点を当て、次に自分自身とクラスのコミュニティーを理解する方法に焦点を当てました。

一年ほどの間にカッツ先生は、モニカがクラスメイトから誕生日パーティーや映画鑑賞などに誘われるなど、モニカとほかの生徒の間に友情が生まれている様子を目撃しました。

（７）一般的には、ケアする側とされる側が経験を共有することと理解されていますが、ノディングスのとらえ方は、この後の文章で紹介されています。

「多くの生徒のなかに、責任ある市民としての強い自覚が醸成されていることに気づきました……。文化、言語、民族性、能力、性別についての質問は、関心と敬意をもって行われていました」〔参考文献74〕と先生が話すように、こうしたやり取りのなかで他者への敬意が育まれるのです。

年長の生徒の場合、年がら年中、二四時間、人間としてひどく敬意を欠いた人を必至になって取り上げているニュースにさらされています。それだけに、中学生と高校生には、世間で合意が得られている基本的な価値観と倫理観を使って、問題となっている出来事に注目し、対処するといった練習が必要となります。

八年生に理科を教えているケイティ・バジローネ先生は、毎年、一七八ページで紹介したものと同じような約束から授業をはじめています。それらの約束を使って、生徒たちと一緒に、教室内のことから広く世界で起きている出来事まで整理していきます。

・自分を大切にする。
・お互いを大切にする。
・この場所を大切にする。

「私はこれらを、さまざまなことを話すためのきっかけとして使っています。実験器具を片づけますか？　この場所を大切にしましょう。テストの前に勉強しますか？　自分を大切にしましょう。グループの話し合いに貢献しますか？　お互いを大切にしましょう」と、彼女は言いました。

しかし、時には学校外の出来事が指導の妨げとなり、教師はそれに対処する必要がある場合もあります。バジローネ先生は、彼らが住む地域社会で発生した暴力犯罪について、「何が起こったのか話す必要がありました。対立するギャングのメンバーは数日間にわたって争い、若者が亡くなりました。ギャング同士の争いに憧れを抱く生徒がいたので、私たちはその考え方を解きほぐす必要があると考えました」と述べています。

コミュニケーション・サークル（二〇〇ページ参照）と三つの約束を使って、クラスでは何が起こったのかについて話し合いました。「私たちは、大切にすべき『この場所』を私たちの住む地域と定義することからはじめました。そして、地域社会にとっての尊敬とは何を意味するのか……」と彼女は説明しました。そこからさかのぼって、他人への敬意と自分への敬意の定義について話し合ったのです。

――――

簡単な話し合いではありませんでした。彼らはまだ一三歳ですし、家族や友人が事件にかかわっている生徒もいました。しかし、敬意とは何か、敬意を欠くとは何かということを理解してもらう必要がありました。何よりも、私たちは自己責任について話す必要があるのです。

バシローネ先生の同僚で、八年生に英語を教えているミハイル・グレイバー先生も、クラスでの話し合いを続けていました。

「多数派の考え方に従うのではなく、難しい倫理的な選択に基づく決断について書かれた本を、教室のコミュニティーとして読んで話し合いたいと思っていました」と彼は言いましたが、直接的にギャング（暴力団）の抗争に結びつくような本は選びたくありませんでした。その代わりに、彼は『ひねり屋』〔参考文献142〕（ジェリー・スピネッリ／千葉茂樹訳、理論社、一九九九年）を選びました。この本は、毎年の伝統行事として鳩撃ち大会をする町と、それに参加したくない主人公についての物語です。

一〇歳になった主人公のパーマーは、撃たれて動けない鳩の首を絞めるひねり屋になることを期待されています。彼は、仲間からの圧力と、偉大なひねり屋の一人とされた父親の遺志に直面しています。しかし、パーマーがペットとして鳩を内緒で飼うようになったとき、この町に住む少年の役目であるひねり屋という仕事に対する社会的圧力に断固として抵抗する決心をしました。

「この対話は素晴らしかったです。ギャングの生き方とパーマーの倫理的ジレンマには類似点がありました」と、クレイバー先生は言いました。

クラスは、バジローネ先生が理科の授業で使っていた三つの約束事をもとにして、「『ひねり屋』のなかで、自分自身、お互い、そしてこの場所を大切にすることの難しさは何ですか？　私たちの生活のなかではどうですか？」という質問についてソクラテス・セミナー(8)をすることに合意して、本を読み終えました。

二人の教師はともに、「尊重する」という言葉がもつ力について生徒たちに話をしていました。バジローネ先生は、「私たちのコミュニティーはこの事件によって動揺しました。しかし、この事件をなかったことにするのは生徒にとって大きな損失となります。私は、尊重するという概念を、生徒たちが生活している地域にまで広げることができました」と言いました。一方、グレイバー先生は、「生徒の作文には、ニュアンスの異なる敬意の定義が見られます。その言葉は脅威を意味するものとしてたいてい使われていますが、彼らは敬意という言葉が意味するものがはるかに複雑であることに気づいたようです。私は、彼らに今もそのことについて考えてもらっています」と述べています。

(8)　生徒たちは二重の円になって座ります。内側の円の生徒が話し合いをする生徒で、外側の生徒はその様子を見ながら自分の意見を整理していきます。教師は議論に入らず、観察しています。

勇気

勇気とは、脅威に直面したときにその人のなかに現れる粘り強さです［参考文献111］。生まれながらの性格というよりは振る舞いや行動を示すものであり、それゆえ状況によって異なった形で現れます。

勇気ある行動は、レジリエンスの感覚、対処能力、積極的なアイデンティティーとエイジェンシーの感覚、および多くの向社会的行動など、ほかの章で説明されている多くの要素がかかわってきます［参考文献54］。

勇気は、個人的なリスクがあるにもかかわらず、誰かにとって意味のある目標に取り組むときに発揮されます。それらのリスクは、多くの場合、身体的ではなく心理的または社会的なものとなります。勇気ある行動には、他者に代わって発言することや、倫理的であるにもかかわらず疎《うと》まれる項目を選択することなども含まれます[9]。

五年生を教えているテリース・ペレティア先生は、ブッククラブ[10]［参考文献28］を使って、生徒の人生における勇気の示し方について探究しています。彼女は、五冊の本を紹介したあと、生徒に「上位二冊を選ぶように」と伝えました。そして彼女は、生徒の回答を見て五つのブッククラブをつくりました。

・『エスペランザ・ライジング』(11)（未邦訳）［参考文献132］
・『ふたりの星』［参考文献89］（ロイス・ローリー／掛川恭子ほか訳、童話館出版、二〇一三年）
・『シャーロット・ドイルの告白』［参考文献６］（アヴィ／茅野美ど里訳、あすなろ書房、二〇一〇年）
・『クロスオーバー』（未邦訳）［参考文献２］
・『ワンダー』［参考文献115］（R・J・パラシオ／中井はるの訳、ほるぷ出版、二〇一五年）

（９）この部分を読んで訳者（吉田）が思ったのは、日本の教育界の勇気のなさです。とくに、管理職や教育行政に携わる人たち（教師も？）の勇気のなさです。前例踏襲となっているのが最大の要因でしょうが、生徒たちにとってより良い教育がなかなか行われません。どうも、「保身」ばかりが横行しているようです。

（10）ここで紹介されているのは「文学サークル」のアプローチですが、訳者の特権で「よりおすすめ」のブッククラブにしています。その理由は、前者が「学校ごっこ（教師は教えている気になれ、生徒は役割を果たしている気になれる）」の範疇に入るのに対して、後者は本物だからです。後者で参考になる本は『改訂増補版　読書がさらにたのしくなるブッククラブ』です。

（11）裕福な家庭に生まれた少女が、父の死をきっかけにさまざまな困難に巻き込まれながらも逞しく生きるという、実話をもとにした作品です。

ペレティア先生は、「さまざまな時代背景の文学を紹介できるように心がけています」と説明してくれました。そして彼女は、「勇気は、人間にとって不朽の資質です」と言いました。

生徒は週に二回集まり、読んだ本の一部分について話し合います。物語の分析など、文学的な側面について話し合ったあと、彼らは勇気のテーマに目を向け、いくつかの核となる質問〔参考文献98〕を使って話し合います。「勇気はどこから来るのか?」や「勇気ある行動は、ほかの人にどのような影響を与えるのか?」、「リスクをとることと勇気とは、どのように関連しているか?」、「忍耐と勇気は、どのように関連しているか?」などです。

七年生に英語を教えているケヴィン・パーカー先生の授業では、正式なプレゼンテーションを行う機会が数回あるのですが、一回はテーマとして勇気が設定されています。毎年、生徒に、軍の名誉勲章(12)またはノーベル平和賞の受賞者から調査・研究したい人物を一人選び、その人が直面する恐怖のなかでどのように勇気を示したのかに関するレポート作成を求めています。

「加えて私は、研究する二人目の人物、つまり同様の勇気を示した、民間の名誉勲章を受賞した人物を生徒に選ばせています」と、パーカー先生は私たちに語ってくれました。

民間の議会名誉勲章は、毎年、四つの領域(単独による勇敢な行動、奉仕行為、コミュニティー奉仕の功労者、八歳から一七歳を対象としたヤングヒーロー賞)において個人および組織に贈られています。公式なプレゼンテーションにおいて生徒に要求されているのは、選択した二人に対する分析的な比較です。パーカー先生は次のように説明しました。

マーティン・ルーサー・キング・ジュニア（Martin Luther King Jr., 1929〜1968）のような偉大な人物がいかに勇敢であったか、または「モガディシュの戦闘」[13]で、ほかの人たちを救うために命を犠牲にしたギャリー・ゴードン（Gary Ivan Gordon, 1960〜1993）やランディー・シュガート（Randall David Shughart, 1958〜1993）のような英雄がいかに勇敢であったかについては簡単に理解できます。しかし、それはとても偉大すぎて、生徒は「自分にはできない」と考えてしまいます。

私は、「普通の」人のなかにも同様の勇気があることを知ってもらいたいのです。本当は、こうした人たちも生徒たちも、平凡でつまらないということはないのです。私は、生徒たちにほかの人たちや自分のなかにある「非凡な力」を見つけてもらいたいのです。

---

(12) アメリカの軍人に対して、大統領から議会の名において直接授与されるものです。授章基準および対象は、「戦闘においてその義務を超えた勇敢な行為をし、もしくは自己犠牲を示したアメリカ軍人」とされています。

(13) 一九九三年一〇月三日、ソマリアの首都モガディシュにおいてアメリカ軍とソマリア民兵との間で発生し、のちにアメリカ軍がソマリア内戦から撤収するきっかけとなった戦闘です。

勇気は他人に対してしか現れない特性であるとか、勇気とは他人のために自分の命を賭けることだと生徒に思わせたくはありません。毎日、人々は、世界の片隅をより良い場所にしようと、静かにやり抜く力（グリット）と意志の強さを発揮しています。そこで、この「公共心」の章では、私たちが世界とどのようにかかわりあうのかを探究するために、忍耐力とやり抜く力（六四〜六八ページ参照）について考えていきます。

コミュニティーの問題に取り組むという行為は勇気のいる決断であり、(14) 通常、変化を起こす人の忍耐力とやり抜く力を必要とします。全国の学校では、才能を磨く時間とメイカー・スペース(15)を通じて、新しいアイディアを模索するための時間を確保しています。

才能を磨く時間は、エンジニアが関心のあるプロジェクトに勤務時間の二〇パーセントを提供するという「グーグル社」の取り組みに端を発しています。この「二〇パーセントルール」から生まれたイノベーションが「グーグル・ニュース」と「Gメール」へと発展し、組織にも一定の成果が還元されました。

ちなみに、「二〇パーセントルール」は二〇一三年に廃止されましたが、このアイディアの教育界への波及効果は大きく、生徒自身がイノベーションを起こすために使える時間を提供するといった学校や教育委員会が増え続けています。

メイカー・スペースも、この取り組みから生まれたものです。全国の学校や図書館では、専用の部屋に3Dプリンター、ソフトウェア、電子機器、そのほかのハードウェアを設置して、STEM教育(16)を支援し、生徒が情熱をもって探究できる時間とスペースを提供しています。
簡単に問題解決が図れない場合や人を助ける場面では、忍耐力とやり抜く力が必要となり、時間もかかります。才能を磨く時間とメイカー・スペースでは、生徒たちが取り組むプロジェクトがほかの人たちの助けとなることが期待されています。

ヘンドリックス中学校の生徒は、自分たちの探究がほかの人にどのように役立つのかについての理論的な根拠を含めて、才能を磨く時間におけるプロジェクトの提案書を提出しています。「すべてのプロジェクトには、教師の承認が必要です。昨年、生徒が書く提案書のルーブリックにもう一つの基準が追加されました。それは、『このプロジェクトは誰にどのような利益をもたらしますか?』です」と、アリーサ・リンカーン－ドワイアー先生は述べています。

(14)(Genius Hour)直訳すると「天才の時間」です。興味のあることを探究して発表する時間のことです。詳しくは、『あなたの授業が子どもと世界を変える!』と『教育のプロがすすめるイノベーション』を参照してください。
(15)ハイテク機材から工具(ローテク)までが装備されており、さまざまな創作活動ができるスペースのことです。
(16)科学・技術・工学・数学の教育分野に関する教育に力を注ぎ、高度情報化社会と国際社会に適応した人材を育てるための教育方法です。これに芸術を加えた、STEAMも普及しています。

当初、リンカーン－ドワイアー先生は、才能を磨く時間を使って自分の興味を探究していた生徒にとって、この新しい要件を満たすのは難しいと考えていました。

「生徒たちには、学習がほかの誰かの生活をより良くする可能性があると考えてもらいたいのです」

生徒たちは『風をつかまえた少年』〔参考文献73〕（ウィリアム・カムクワンバほか／田口俊樹訳、二〇一〇年）を読み、ウィリアム・カムクワンバのＴＥＤトークを見ました。(17)

「私たちは、ウィリアムが科学への情熱を、家族や村の生活を改善する必要性とどのように結びつけたのかについて話し合いました」

生徒たちから、「ウィリアムが図書館と廃材を使ったことは、自分たちの才能を磨く時間で使った方法とそれほど変わらない、というコメントがあった」とリンカーン－ドワイアー先生は言いました。

「それが転機でした」と、先生は言います。

彼女は図書館を見回して、「宇宙計画は私たちを火星に連れていくために必要なので」と言ってロケットについて研究する生徒、「何のスキルも学ばずに、私の近所から刑務所に行く人が多すぎるので」と言って刑務所システムについて研究する生徒、そして、「たくさんの空腹の人々と気候変動が私たちの農業の仕組みを変えるので」と言いながら水耕栽培に取り組んでいる生徒を指さしながら先生は、プロジェクトの複雑さが増している点についても指摘しました。

「昨年は、スライム（ヌルヌルしたもの）をつくる方法やサッカーでのスキルを磨く方法についてという提案が出されていました。それらに価値がなかったというわけではありませんが、ほとんどのプロジェクトは彼らの生活だけに焦点が当てられていました。今年のプロジェクトでは、一つの質問に答えたあと、生徒は三つの新しい質問に取り組みます。六年生と七年生が、複雑な問題に対して独自のレベルの取り組み方に気づく様子を見るのはとても素晴らしい瞬間です」と、彼女は言いました。

倫理的責任

「それはフェア[18]ではありません！」

生徒からこの言葉を何度聞いたことでしょう。公平性に関しては、とくに生徒にとっては厄介

(17) マラウィ人のウィリアム・カムクワンバ（当時、一四歳）は、食糧危機に陥った環境のなか、村の図書館で物理学を独学で学び、廃材を使って発電用の風車を製作し、村に電力を供給しました。その功績は本だけでなく映画にもなっています。

(18) 文脈において、公平な、公正な、公明正大な、偏見のない、偏りのない、と訳される単語です。

な問題となります。誰でも、ほかの人のニーズを考慮するために自らのニーズの視野を広げることは容易ではありません。しかし、生徒が倫理的な責任を果たすためには、自分の状況とグループの状況とを融合させることが求められます。グループへの影響を考慮しない公平性は利己的なものです。

さらに、倫理的な責任のある決定をするためには、自らの行動に対する責任を受け入れるだけでなく、善悪に関する判断が必要になる場合もあります。倫理的な責任のある人は、往々にして公正でルールに基づいた行動をとるものです。

前章では、向社会的行動（支援、シェアリング、チームワークなど）の視点からこの概念について説明をしました。ここでは、公共心の要素である「コミュニティーの調和」にまで範囲を広げていきます。

教育界では、生徒の道徳的および倫理的な発達は、心理学者コールバーグ（Lawrence Kohlberg, 1927～1987）が提唱した道徳性発達理論を使ってよく議論されています（**表6－1**を参照）。

幼い子どもは、主に前慣習段階にあり、自己中心的な視点から判断を下します（自己中心的な視点は、二人の二歳児が一つのおもちゃの取り合っている様子を見るとよく分かります）。子どもが就学前および小学校に移行すると慣習的な道徳的推論の段階に入り、あらゆることに対して公平性についての言い争いをはじめます。教師として私たちは、これらの段階をどのように、ま

表６－１　コールバーグの道徳性発達段階

段階		意思決定を推進するもの	限界
前慣習	ステージ１：服従と罰	「罰せられたので、それをするのは悪いことです」	善悪の判断が乏しい。
	ステージ２：自己利益	「私が得るものは何ですか？」	他人の視点を考慮しない。
慣習	ステージ３：社会的基準への順応	「私はいい子です」	規律的な行動による社会的適合の出現、しかし必ずしも自分の考えをもっているわけではない。
	ステージ４：社会的服従	「規則と法律は社会秩序を維持します」	道徳は主に社会によって決定される。
後慣習	ステージ５：社会契約	「すべての人は権利をもっており、異なる価値観や意見をもっています」	多数派の利益に基づいて、妥協を通じて到達した決定がなされる。
	ステージ６：普遍的な倫理原則	「法律は正義に基づいている必要があり、不当な法律には従うべきではありません」	誰もが一貫してこのレベルにいることは疑わしい。

たいかに速く発達させるかと考えるほか、そのための条件提示がポイントとなります。

道徳的推論の観点からですが、一般的に子どもは現在置かれている道徳的な段階から一つ上のレベルでの活動はできますが、それ以上はできません。したがって、ステージ３の子どもがステージ５（この段階が、民主主義の背後にある理論的な根拠となります）での活動を期待するのには無理があります。しかし、ステージ３の子どもに対しては、民主主義の基盤でもあるステージ４までは伸ばせます。

倫理的な責任は生涯にわたって進化し、大人になると、私たちは自分の視点や信念を形成するといった経験をします。ただし若者は、本やマルチメディアを通して倫理的なジレンマに遭遇して、初めて考える機会を得ます。何が公正で何が正しいのか、責任をとることの意味について、現実と想像上のキャラクターが繰り広げる奮闘は、生徒自身が人生のなかで同様の問題に直面したときに進むべき道を照らしてくれます。

『1つぶのおこめ』[19]〔参考文献30〕の登場人物であるラーニは、自らの発想を駆使して、人々が不当に扱われていることに立ち向かいます。『デイビッドがやっちゃった！』（デイビッド・シャノン／小川仁央訳、評論社、二〇〇四年）〔参考文献136〕のなかでデイビッドは、自分の過ちを認めなければなりません。『ハンガー・ゲーム』の本の三部作（スーザン・コリンズ／河井直子訳、メディアファクトリー、二〇一二年）〔参考文献21〕と映画〔参考文献65〕を通してカットニス・エヴァディーンは、ユートピアの反対であるディストピアの世界で進化する善悪の感覚を扱っています。そして、『アウトサイダーズ』（ハワード・S・ベッカー／村上直之訳、現代人文社、二〇一九年）〔参考文献60〕のポニーボーイは、自分の行動がきっかけで二人の親友の命を奪ってしまった責任を問われます。

トム・リーブス先生のクラスの一年生たちは、絵本『自転車がほしい！』（ノア・Z・ジョーンズ／尾高薫訳、光村教育図書、二〇一九年）［参考文献11］について話し合うことを通して倫理的な責任について探究しました。

物語は、ルーベンという少年が店のなかで一〇〇ドル紙幣を見つけ、それを持ち主に返すか、新しい自転車を購入するために自分のものにしてしまうかという倫理的ジレンマに直面するというものです。同時に彼は、そのお金を使えば、家族に必要な食料品が買えるという事実にも悩まされます。

ルーベンはのちにお金をなくした青いコートの女性に返しますが、「正直いうと心のなかでは、いろんなきもちがおしくらまんじゅう。青いコートの人がよろこんでくれてよかった。だけどシルバーの自転車とはさよならだ。うれしいきもち。さびしいきもち……」[20]と述べています。

対話読み聞かせ[21]をしたあとの話し合いでリーブス先生はこの文章に戻り、ルーベンの相反する感情と決断について話し合ってもらいました。それから先生は、彼らの気づきや発見したことを

(19)　村人たちがつくった米のほとんどを自分のものにするケチな王様に対して、ラーニという少女が数学的な発想を使って立ち向かう話です。（デミ／さくまゆみこ訳、光村教育図書、二〇〇九年）

(20)　『自転車がほしい！』光村教育図書よりの引用です。

(21)　読み聞かせをしながら話し合いに子どもたちを招き入れる読み方です。詳しくは、『読み聞かせは魔法！』の第２章を参照してください。ほかにも、従来の読み聞かせよりも効果的な方法が数種類紹介されています。

二つの表にして記録しました。一つは、「うれしいきもち」、「正しいこと」、そして「いっぱい」という言葉を取り上げました。もう一つは、「混乱（いろんなきもちがおしくらまんじゅう）」、「失ったこと」、そして「空っぽ」という言葉です。

「生徒たちは本当に真剣に取り組み、最初にルーベンが陥ったジレンマの証拠を物語のなかから探して、次に自分たちの意見を探しました。全員がルーベンの決定に納得したわけではありません。しかし私は、彼らが自分の考えを探究できるように、こうした話し合いの場をたくさん設けています」と、リーブス先生が私たちに話してくれました。

八年生に社会科を教えているジル・アモン先生は、アメリカ独立宣言と憲法の前文を使って民主主義の誕生時の倫理と道徳を調べています。

「これらは、民主主義や倫理的な責任を考えるうえにおいて基礎となる文書です。生徒に確実に教える面白い方法は、彼らに自然の権利と不可侵の権利の背後にある倫理観を分析させることだと分かりました。これらの文書が奴隷制を九〇年間も存在させた理由であり、民主主義の理想を再考することを目的として彼らの意欲をかき立てると本当の話し合いがはじまります」と、彼女は言いました。

また、アモン先生は、「建国における倫理的な責任の影響について調べることは、生徒にとって不可欠である」とも述べています。

「生徒たちは、人生において、すべてが『正しいか、まちがっているか』というような簡単なものではないと認識しはじめている段階にいます。理想と現実の間にある曖昧さというものは扱いにくいものです。これらの文書が示す社会契約は、とくに女性や奴隷となった、発言権のない人々に対する格差を生みだしました」

市民の責任

社会の構成員は、公正で決められたルールに基づいて行動するという倫理的な責任に加えて、地域社会の改善に参加するという責任をもっています。市民の責任は、すべての人に発言権を与え、社会的な不公正に対処しようとする参加型民主主義の証です。感情調整および認知調整（第3章および第4章を参照）、並びに向社会的行動（第5章）を通じて育成された心構えやスキルは、地域、国、および世界のコミュニティーにおいてより広く表現されることになります。

世界中のいろいろな国において民主主義が確立された背景には、国民に決定権が与えられているという考え方があります。共和制の定義を考えてみましょう。それは「最高権力が投票権のある市民にあり、選挙で選ばれた議員とその代表者によって行使され、法律に従って統治する政府」[22]となっています。

アメリカ史を教えているケンドラ・マーカス先生は、一七八七年の大陸会議にメリーランド州の代表として参加し、最終的にアメリカ憲法の制定にかかわったジェイムズ・マクヘンリー（James McHenry, 1753〜1816）の日記を使って［参考文献126を参照］、生徒が市民としての責任をもてるようにしています。一七八七年九月一八日の記述を読むと、会議を終了したときに彼が路上で目撃したベンジャミン・フランクリン（Benjamin Franklin, 1706〜1790）とある女性との間で交わされていた会話について、次のように書かれています。

ある女性がフランクリン博士に尋ねました。
「博士、私たちが手に入れたものは、共和制ですか、それとも君主制ですか？」
「共和制です」と博士は答えました。「ただし、あなたたちがそれを維持することができるならばね」

「私はこれを、生徒が学校に入学した最初の週の授業で紹介しています。そして、コース全体の中心的なテーマになります。国王ではなく国民が決定を下すという原則を守るということは、私たち全員が積極的に国家レベルの対話に参加しなければならないことを意味します」とマーカス先生は言いました。彼女の学校には、不法滞在の生徒を含めて、ほかの国から移住した生徒がと

てもたくさんいます。

> 生徒の置かれている状況にはたくさんの政治的な問題がからんでくることを私は理解しています。そして、生徒のなかには、市民権とそれを取り巻くきれい事によってやる気を失っている者もいます。しかし、私は、彼らに市民としての責任は文書を超えたものであると理解してもらいたいのです。とくに地域レベルでは、生徒は市民として、その地域に対してとてもよい行いをするだけの能力をもっています。

コース全体を通してマーカス先生は、共和制を維持するには市民としての政治に対する積極的で主体的な追求が必要であるというフランクリンの投げかけに何度も立ち返っています。生徒たちは、危機の瞬間を歴史の視点から検討していきます。彼女が次のように説明してくれました。

——ミズーリ妥協[23]、先住民の強制移住、奴隷制度廃止運動、女性の権利のための闘争、革新主

(22) https://www.merriam-webster.com/　簡単に言うと、「主権は国民にあり、直接または間接に選出された国家元首や複数の代表者によって統治される政治形態」（weblio 辞書）のことです。

(23) 奴隷制の擁護派と反対派との論争をめぐる妥協として一八二〇年にアメリカで定められた協定です。

――義時代、[24] 公民権運動……これらはすべて、投票権をもつ市民であるかどうかにかかわらず、市民としての責任を果たすための行動でした。

この言葉に続けて、「フランクリンの言葉は私たちにとって試金石です。それは行動への呼びかけなのです。しかし、それに答えるかどうかは私たち次第です」と彼女は付け加えました。

年少の生徒に対して市民としての責任を育む簡単な方法は、自分たちの教室の環境に誇りをもち、責任をもって自ら教室を整理整頓したり、清掃するといった行為を奨励することです。就学前や小学校の教師は、生徒が教室を片づけたり、教材を返却したり、椅子を片づけたりするための日課を設けています。多くの教師は、教室の仕事を持ち回りで行い、すべての生徒が仕事に対しての責任と誇りをもち、そして、それが教室のコミュニティーに与える影響を体験できるようにしています。

小学一年生を教えているレイナ・ロメロ先生は、それぞれに生徒の名前が割り当てられた当番表を表示しています。また、ラインリーダーやドアホルダー[25]のようなものに加えて、教室全体で役に立つものも含まれています。ロメロ先生が次のように言っています。

「私が割り当てる当番の一つは指揮監督です。その人は、私がグループ全体に与える指示を繰り返し、指示に対して混乱が見られる場合は、明確にするための質問を私にします。いってみれば、スポークスマンのようなものです」

彼女はまた、教室の出迎え係を毎週任命しています。

「私たちはたくさんの訪問者を迎えていますので、出迎え係がその人たちを歓迎し、私たちが何をしているのかを説明するほか、彼らが座る席を用意しています」

ロメロ先生は、これら以外の係活動を利用して、生徒たちのなかに市民としての責任感を育んでいます。たとえば、グリーンチームは、リサイクル可能な缶がちゃんと入っているかなどを確認するほか、部屋に人がいなければ電気を消し、堆肥化が可能なゴミを学校の堆肥化ステーションに運んでいます。もう一つの教室での係活動はテクニカル・サポートです。この係の生徒は、コンピューターが置かれているカートがロックされており、一晩充電するためにプラグが電源につながっているかを確認しています。

また生徒は、小学校の段階で「投票」という行為の結果について学んでいます。カトリーナ・オルテガ先生が教える四年生のクラスでは、大小さまざまなことについて投票を行っています。たとえば、教師があるテーマに関連する二冊の本を紹介したあとで、どちらの本を読み聞かせす

---

(24)　一八九〇年から一九二〇年までアメリカで行われた改革運動のことです。

(25)　これらは、教室を出てどこかに行くときに、ドアを空ける人や廊下に整列するのをサポートするといった意味だと思われます。

るのかや評価の仕方、クラスの代表者などについて投票しています。

生徒たちには、投票する前に自分の考えを共有する時間が設けられています。ウィンストンという生徒は、国語のあとではなく、朝一番に算数を学びたいと考えていました。彼はオルテガ先生に、「これは投票で決められますか？　それとも、すでに決定していて、投票はできないのでしょうか？」と尋ねました。

オルテガ先生は、「投票できますよ」とウィンストンに伝え、クラス投票が行われる前に、「授業の時間割について話し合う必要があるね」と言いました。そして、翌週の月曜日に投票を行うことにして、投票日までの毎日、昼食後の一〇分間、自分たちの考えを共有することに生徒たちは同意しています。

多くの生徒は、「時間割をそのままにしておきたい」、あるいは「時間割を変更したい」ということに対する具体的な理由をもっていました。オルテガ先生は生徒に思い出させるように、「投票においては、常にがっかりする人が何人かは出てくるものです。私たちはコミュニティーなので、負けた人々の気持ちに対しても気を配る必要があります」と言いました。

クラスでの投票が終わり、時間割が変更されました。「変更する」に投票しなかった生徒の一人が、「大丈夫です。私たちはちゃんと勉強ができていますから。休み時間のあとの算数が好きでしたが……投票結果のままで本当に問題ありません」と言いました。

中学校の教師であるサミュエル・フレンチ先生とリンジー・ファレンティーノ先生は、サンドラ・デイ・オコナー最高裁判事が最初に考案したオンラインゲーム「iCivics」（www.icivics.org）を使っています。この無料教材には、一九種類のゲームに加えて、教師向けの一五〇のレッスンプラン（指導案）があります。ファレンティーノ先生が私たちに次のように話してくれました。

英語と歴史の教師として、生徒たちには両教科の基礎的な内容を習得してもらいたいと思っています。このプログラムに含まれているゲームでは、読み書きの能力と市民のスキルが同時に身につけられます。生徒たちは、とくに「私には権利があるの？」というゲーム（弁護士役の生徒が、依頼人の訴えが憲法上の問題がないかどうかを判断するゲーム）を気に入っていますが、基本的にすべてのゲームを楽しんでいます。また私たちは、奨励されているように、生徒がゲームをする前にミニ・レッスンの形で最低限のことを教え、ゲーム後にしっかり振り返るという教え方を行っています。

複数の調査によると、「iCivics」のカリキュラムは有効であることが示されています。たとえば、このカリキュラムを使用すると、「公民」の得点が三七パーセント向上しています［参考文献82］。また、教師が「iCivics」を導入したことで生徒の文章力も向上しています［参考文献75］。そして、

さらに重要な点は、どちらの研究結果においても、性別、人種や民族、および社会経済的地位の違いに関係がなかったという事実です。

私たちが勤務している高校で歴史を教えている先生は、三週間に一度ディベートを開催しています。生徒と教師でテーマを決めて、チームでディベートの準備をします。年度初めのディベートでは、生徒が「賛成」か「反対」のカードを引いて、教師がグループに振り分けます。ディベートの準備をする時間は授業中にもありますが、やはり授業時間外で調査を行う必要が出てきます。ただ、生徒にディベート・スキルが身についてくれば、賛成派と反対派の振り分けは必要なくなるでしょう。

最初の学期が終わるころまでは、ディベートの日まで賛成派と反対派のどちらになるのかが分からないので、彼らは両方の議論に関する準備をしなければなりません。当日、各グループは籤《くじ》を引いて、ほかのクラスのチームとディベートをします（たとえば、九年生チームが一一年生のチームとディベートする場合もあります）。生徒たちはディベート・スキルにとても誇りをもっているようで、審査員が勝者を発表するときには盛りあがります。しかし、私たちの同僚の一人が次のように言いました。

――ディベートにおいて、勝つこと自体は目的とはなっていません。目的は、市民としての行動と責任です。テーマの両側面を学習して、考え、検討することです。事実、生徒たちは、授業で習得したスキルのおかげで、大人として公の場での議論やディベートに参加する準備ができたと考えています。[26]

社会的正義

公共心をもって行動することは、社会的正義の感覚によって推進されます。すべての人々に人権があるという事実が、生徒に社会的正義を教える場合の基礎となっています。正義とは、復讐ではなく、周りにいる人たちの生活の質が向上するように努めることです。社会的正義の取り組みの多くは、第二次世界大戦時の恐怖を受けて、一九四八年一二月一〇日の第三回国際連合総会において定められた三〇の人権、つまり「世界人権宣言」に集約されています。それ以来、この宣言は障害者や子どもを含むほかの宣言の基礎となる文書として重要な役割を果たしてきました。宣言に書かれている普遍的な権利には、意見と表現の自由、ならびに貧困、拷問、奴隷、圧迫

（26）勝つことが目的でないなら、ディベートよりもロールプレイがおすすめです。詳しくは、『効果10倍の教える技術』（二一二～二一三ページ）を参照ください。

からの自由が含まれています。食糧、水、住居、移動する権利などといった基本的人権についても説明されています。もっとも強力な人権は最後の二つで、すべての人は他人の権利と自由を守る責任があり、誰しもあなたの人権を奪うことができないというものです。(27)

ほかの人を擁護する（ないし、代弁する）(28)ことは、生徒が身につけるべき重要なSELのスキルであり、それをどのように生徒に示すのかについて考えることが大人（とくに教師）の役目となります。小学校の低学年は他人の世話をするのではなく、世話を受けることに慣れていますので、この領域でのエイジェンシー（主体性）の感覚は十分に発達していません。ただし、子どもたちが大きな変化を遂げることはできます。ある研究者と幼稚園の教師たちは、「誰もが教育を受ける権利を有する」とする世界人権宣言の第二六条に感銘を受け、「強い心」をもった幼稚園クラスでの取り組みについて説明しています。

園児たちは、子どもの権利や一部の子どもが置かれている状況に関するさまざまな本を読みました。教師は、ほかの人たちと協力して、エルサルバドルの貧しい地域にある中学校の生徒が六年生以降も教育が受けられるようにと願い、資金を集めることにしました。園児は、プロの芸術家や印刷業者と協力して横断幕をデザインし、資金を集めました。そして、プロジェクト中やプロジェクト後の子どもたちへのインタビューから、「自分たちに与えられた教育の権利が決して当たり前ではないことを知り、世界中の仲間たちに配慮と共感を示した」［参考文献103］ことが明らかになっています。

高校で化学を教えているクラーク・アンダーソン先生は、『すべての人に人権がある（Every Human Has Rights）』［参考文献106］という本を使って、社会的正義を推進するための倫理的な責任を紹介しています。

この写真入りのエッセイは、「世界人権宣言」を紹介するとともに、掲載されている写真に関する倫理面における話し合いを引き出すという感動的な方法で構成されています。アンダーソン先生は、ミシガン州フリントでの水資源の危機についての授業を行うために、二つの普遍的な人権（第二五条の十分な生活水準をもつ権利と、第二九条の他者の権利を守るための責任）を使用しました。(29)

(27)「世界人権宣言」で検索すると、たくさんの日本語訳がありますが、おすすめはアムネスティの谷川俊太郎訳です（https://www.amnesty.or.jp/lp/udhr/）。なお、この宣言には普遍的な部分が確実にあるものの、七五年という歳月による社会変化もふまえる必要があるでしょう。その意味では、書かれていることを鵜呑みにせず、改善・修正するものについて考える必要があるでしょう。

(28) 原書では「Advocacy」が使われています。

(29) これについては、『プロジェクト学習とは』のなかでも取り上げていますので、参照してください。

フリントでは、二〇一四年以降、一〇万人以上が鉛を含んだ飲料水にさらされていました。生徒たちは、バージニア工科大学や環境保護庁、ハーレー医療センターの科学者が行った、子どもと大人への被害状況と鉛中毒の影響を記録した取り組みについて学びました。

アンダーソン先生[30]の授業を受けた生徒は、公開されたデータを使って、報告された結果を分析し、GISマップをオンラインで使用して、鉛製のパイプを設置している地帯を特定しました。また、生徒たちは、被害を軽減するために行われている現在の取り組みと、さらなる被害を減らすための取り組みについて吟味・検討しました。

「生徒たちとともに行った最初の実験は、鉛で汚染された水を沸騰させても鉛の濃度が低下しない理由について実証することでした。次に、生徒たちは、フリント市が行っている汚染水の適切な取り扱いに関する住民への啓蒙について調べました」

アンダーソン先生は、生徒に何を知ってもらいたいかを明確にするため、次のように話してくれました。

化学、ジャーナリズム、医学、教育、これらのすべての分野には、社会的正義を実現するための責任について理解している専門家がたくさんいます。勇気と粘り強さが必要ですが、こうした人たちがいないと多くの人々が被害を受けることになります。

サービス・ラーニング

教科での学びとコミュニティーのウェルビーイングを融合させる教育的アプローチである「サービス・ラーニング」の活用は、ここ一〇年間、非常に人気が高くなってきました。サービス・ラーニングは、個人のボランティアとして実施されている社会奉仕とは異なります。もちろん、社会奉仕にも価値はあるわけですが、「他者のために働くのではなく、他者とともに働く」というように、生徒が組織に参加するというサービス・ラーニングでのやり取りが含まれていません〔参考文献12〕。

社会奉仕とは違ってサービス・ラーニングは、学校、教師、地域の組織、および生徒間の協働作業となります〔参考文献107〕。プロジェクトの目標は、特定の教科内容から導きだされ、教室で教えられた考え方がコミュニティーでどのようにいかされているのかに重点が置かれています。ただし、サービス・ラーニングには、「権利を剥奪されたグループへの共感を促すのではなく、同情を引き出してしまう」ような慈善事業に発展するという危険性があります〔参考文献145〕。そ

(30)　地理情報システムのことで、さまざまな地理情報をコンピューターの地図上に可視化したものです。

れだけに、生徒自らの経験とエイジェンシー（主体的な役割と行動）を理解するために必要とされる認知的、社会的、感情的なツールを確実にもてるようにするための準備が重要となります。

サービス・ラーニングという名称は、学校外で行われるさまざまな活動につけられていますが、その活動の多くは本来の意図を満たしていません。感謝祭の直前にホームレスに食事を提供するような一度かぎりの体験は、同情を引き出すか、問題事項から（自分でなくてよかったと）社会的に距離を置く以上の永続的な効果はほとんどもたらしません。それゆえでしょう、「全米青少年リーダーシップ協議会」（NYLC：National Youth Leadership Council）が、コミュニティーと個人にプラス効果をもたらすサービス・ラーニングの「相互性の基準」を開発しています［参考文献107］。

有意義なサービス――サービス・ラーニングでは、有意義で個人的な関連を見いだせる奉仕活動に、参加者が積極的に取り組めるようにする。

教科学習との関連――サービス・ラーニングは、学習目標または学習内容の基準を満たすための教育方法として意図的に使用される。

振り返り――サービス・ラーニングには、継続的に自分自身と社会との関係についての深い思考と分析を促す、やりがいのある振り返り活動が複数組み込まれている。

多様性――サービス・ラーニングは、参加者すべての間における多様性と相互尊重の理解を促進する。

生徒の声――サービス・ラーニングは、大人からのガイダンスを受けながらも、生徒に体験の計画、実施、評価において強い発言権を提供する。

パートナーシップ――サービス・ラーニングにおける地域の協力団体などとの関係は協働的であり、互恵的であり、コミュニティーのニーズにこたえるものである。

進捗状況のモニタリング――サービス・ラーニングは、参加者が実施の質と特定の目標達成に向けた進捗状況を評価し、その結果を、改善と持続可能性に活用するための継続的なプロセスとして取り組むものである。

期間と頻度――サービス・ラーニングを行うにおいては、コミュニティーのニーズに対応し、特定の成果を上げるのに十分な期間と頻度を確保する。(31)

サービス・ラーニングは、三〇年近く前から高校生や大学生を対象にしてよく行われていまし

---

(31)　これらの基準は、日本の総合的な学習の時間で行われるボランティア活動、キャリア教育、職場体験などを見直すのにとても参考になると思います。

たが、近年は年少児においても頻繁に行われるようになっています。先に述べた幼稚園における本の横断幕プロジェクトは、サービス・ラーニングの一例となります。

サービス・ラーニングの取り組みは、学校を拠点とする場合もあります。たとえば、学校の食堂で使用している新鮮な野菜やハーブを栽培するためのコミュニティー・ガーデンの設計と管理です。一例を挙げると、栄養について研究していたイーグルス・ネスト小学校の五年生は、教育委員会の食品サービス部門と協力して自分たちに必要な野菜を特定し、施設管理者と協力して、学校内に野菜の栽培ができる区画を設置しました。

ある生徒のチームは、村の農業普及プログラムの代表者と会い、菜園の開墾と管理、丈夫な品種の選択、害虫駆除の方法について指導を受けています。別のチームは、ＰＴＡと協力して、庭づくりを支援する保護者のボランティアを集めました。

生徒たちが管理計画を作成し、毎週登校日に、水やり、草取り、植え付け、収穫といった仕事を交代で行いました。数年前にコミュニティー・ガーデンがオープンされて以来、その後の授業においては、近所の人たちも野菜が植えられるように、区画や物資面における規模の拡大を図っています。

サービス・ラーニングを通じた市民参加が学業成績に与える影響は大きく、効果量は「.58」です［参考文献56］（効果量に関しては第1章の説明を参照）。学習面だけでなく、サービス・ラーニングの取り組みに（必須か選択かにかかわらず）参加している生徒は、経験後のモチベーション、自立性、自己決定のレベルが高いことが報告されています［参考文献72］。また、サービス・ラーニングは、教科学習にSELを統合することによって、生徒が学べる多くの特質があることも示してくれています。そのような経験を通して、生徒は自信と能力を身につけていくのです。要するに、「一度も試験を受けたことがないのに、どうしてあなたは自分が有能であると分かるのでしょうか?」ということです[32]。

意味のある取り組みであっても、社会に存在する問題や課題がすぐに解決できるわけではないので、生徒は満足感を遅らせるという形で忍耐力を身につけていきます（第3章を参照）。とくに、目標の設定と意思決定においては認知調整が必要です（第4章を参照）。生徒は、作業を進めるために向社会的スキルを利用し、対立に対処する必要があります（第5章を参照）。最後に、生徒が個人として変化を生みだす力（エイジェンシー）をもっていることを理解し、生徒全員に求められている倫理的な責任や市民としての責任を育むのです（本章で扱いました）。

これらの要素をすべて含んでいるのがサービス・ラーニングなのです。みなさんがすでに感じられたように、私たちもサービス・ラーニングのファンです。

(32)　つまり、本書で説明した内容を日常生活のなかで実践しなければ、自信と能力は身につかないという意味です。

リーダーシップ

熱心でアイディア豊富な学習者の育成がＳＥＬにおける重要な成果となりますが〔参考文献140〕、同じ素養をもつリーダーの育成も重要となります。私たちは、すべての生徒のなかにあるリーダーシップに気づけるためのサポートができると信じています[33]。また、これは、生徒会やクラブ活動に見られる生徒のリーダーシップの構造とは異なるものだと考えています。むしろ私たちは、ある研究者がリーダーシップについて、「個人として達成できることやできないことを一緒に達成するために支援するプロセス」〔参考文献109〕と定義したことに同意しています。

リーダーについて考えるとき、勉強やスポーツが上手で、話し上手で大人っぽいという生徒といった一般的なイメージを私たちはもっています。しかし、この研究者は、学習面や行動面に問題があるためにその才能が見過ごされがちな生徒を特定し、育成し、より良い役割を与えるように、とアドバイスしています。彼は「社会的影響調査」〔参考文献108〕を参考にすることをすすめています（もちろん、私たちも心からそれを支持します）。

この調査は二五項目に及ぶものですが、生徒一人ひとりの行動について大人が評価する無料のオンライン調査です[34]。この調査では、クラスメイトがどの程度その生徒に従っているのか、生徒が交渉を率先して行うのか、「クラスのお調子者」と見なされているか、ほかの人が逸脱しても自らの主義を貫くか、などについて質問をしています。問題行動に焦点を当てるために行われている調査ですが、質問によって明らかになる資質が適切に発揮されれば、もっとも優れたリーダーを生徒のなかから見いだすことができます。

通常、一番になるというのはよいことなのですが、メリーランド州のマレリー中学校の指導者たちは、自分たちの学校が校内でのケンカ件数が「全米一」であることを知ってがっかりしていました［参考文献17］。彼らが停学と退学のデータを検討し、その傾向を調べたところ、とくに厄介なことが一つ見つかりました。それは、アフリカ系アメリカ人で貧困状態にある男子生徒は、そのほかの生徒に比べると停学を受ける可能性が四倍高くなるというものでした。そこで管理職は、停学した生徒から「とくに目立つ」生徒を特定し、彼らを学校のリーダーに変えることにしました。

学校の指導者たちは、リーダーシップ開発プログラムを立ちあげ、これらの生徒

---

(33) このテーマでは、SELとは切り口が違いますが、『リーダー・イン・ミー』という本もあります。

(34) 日本語版はまだありませんが、二五項目についてはQRコードを参照してください。

との関係を築き、追加となる学業面のサポートを行い、衝動に対するコントロール（第3章）や問題解決スキル（第4章）が身につくように支援しました。すると一学期のうちに、マレリー中学校の停学率は大幅に低下し、生徒たちが成長しはじめたのです。

その後、時間が経つにつれ、彼らは学校のリーダーになりました。しかし、この取り組みの最初の一歩は、生徒自身に自らをリードすることの意味を理解してもらうことだったのです。

私たちは、学校が生徒会活動以外にもリーダーシップが発揮できる機会を提供して、生徒が学校生活の主体者として参加できるための選択肢を広げなければならないと考えています。私たちが勤務している高校では、生徒のグループがサービス・ラーニングとリーダーシップを発揮して、近隣の高校生を対象とした毎年恒例のメンタルヘルス会議の企画、主催、講演を行っています。

そして、二つ目として、ほかの生徒が生徒会活動の対話を促進するために「理解の日」と呼ばれる大きな会議を企画しています。その会議の各セッションの内容を生徒が決定し、基調講演者を選択します。生徒全員が地元のコンベンションセンターに集まり、ゲストの話を聴き、生徒同士で多様性の問題について話しています。

昨年は、世界の主要な宗教を代表する生徒がパネリストとなり、それぞれの宗教に対する誤解と宗教間の共通点について発表しました。ほかの講演者は、ジェンダー表現、障害者のエンパワーメント、および自己決定を取り巻く問題について話し合いました。

三つ目の取り組みは、生徒全員がリーダーシップスキルを磨くというものでした。年度末のある夜、学校中の教室を家族や地域の人々のために開催する「大学とキャリアのシンポジウム」の会場に変えました。教室では、生徒がインターンシップでの経験（九～一二年生の全生徒がインターンシップを経験しています）と職業や教育に対する願望について説明しました。

この取り組みは、学校関係者全員のサポートを受けながら生徒主導で行っています。生徒のチームは、来訪者が教室で体験する内容を計画し、シンポジウムに必要な物資を注文するほか、スケジュールを調整しつつ、来訪者からフィードバックが得られるようにする必要があります。

学年を超えて編成されたチームの場合、質の高い発表をするためには対立を解消し、合意形成を得なければなりません。ちなみに、昨年は三時間のシンポジウムにおいて六〇〇人以上のゲストを迎えました。

まとめ

アメリカの建国の父たちは、民主主義が存続する可能性を高める方法が二つあると信じていました。一つ目は、政府が三権分立を行い、お互いに抑制しながら均衡を図ることでした。そして二つ目は、教育でした。

彼らは、民主主義の存続は、市民の責任と行動にかかわる知識のある人々に依存していると判断しました。さらに彼らは、このような学びは学校で身につけられる、と信じていました。私たちもそう思います。学校は、生徒が市民としての義務を果たすための練習場所です。ここで彼らは政府について学び、意思決定プロセスに参加することの意味を学びます。また、学校は、彼らが他人の権利を尊重することを学びながら自らの信念を主張するという行為を学ぶ場でもあります。

振り返りのための質問

❶あなたの生徒は、市民の権利に関する知識をどの程度もっていますか？
❷教科学習のなかで、倫理的な責任について話し合う機会はありますか？
❸市民の責任に焦点が当てられ、生徒がディベート、話し合い、投票を含めた市民としての行動を起こす機会はありますか？
❹社会的正義が、教室や学校のなかで重視されていますか？
❺サービス・ラーニングは、学校におけるＳＥＬの取り組みをどのように変えられますか？
❻生徒のリーダーシップをどのように育てていきますか？

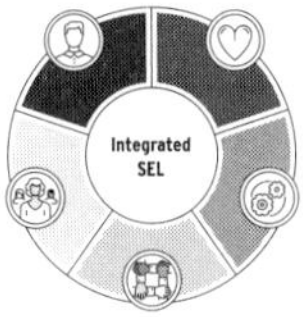

第7章 ＳＥＬ学校の創造

「希望は計画ではありません」

シャニカ・ベル校長は、幼稚園児から八年生までが通っている学校（ブライトライツ・リーダーシップ・アカデミー）の教師に向かって、このように話しかけました。この学校の教師と管理職は、学校でＳＥＬプログラムを採用し、実施することに関心をもっていました。ＳＥＬのカリキュラムを把握するために、数名の教師がＳＥＬの全国大会に参加し、たくさんの情報を集めてきました。

彼らは集めたパンフレットを共有し、それぞれのプログラムの特徴について興奮しながら話し合っていました。そんななか、ある教師が「職員研修が付いているプログラムもあるので、トレーナー（講師）を学校に呼ぶこともできます」と言いました。

注意深く耳を傾けていたベル校長は、「どのプログラムもそれぞれの方法があって素晴らしいようですが、これが私たちに必要なものであると、いったいどのように判断するのですか?」と尋ねました。しばらく沈黙が続いたあと、「これが、私たちのクラスにピッタリであることを願っています」とある教師が言ったことに対して、ベル校長が「希望は計画ではありません」と言ったのです。

ベル校長は、この学校が過去に経験したPLC[1]（プロの教師集団として学び続けるコミュニティーとしての学校）の成功事例について語りました。

「成功するためにこれまで行ってきたことを忘れてはいけません。私たちは、生徒にかかわる何らかの意思決定を行う場合、まず生徒の学力や行動、意識・態度、出席率、家庭環境などに関するさまざまな情報やデータを確認しました。そして、意思決定に保護者を巻き込んだうえで目標を設定してきました。今回も、これまでと同じ方法を行うべきではないでしょうか?」

教師は、SELのカリキュラムが生徒の学習面を含めた生活全般を促進させることを直感的に確信していました。しかし、彼らは興奮のあまり、意思決定のための重要なステップをいくつか見落としていたのです。

ベル校長は、議論の方向性に満足していました。

「私は、SELのカリキュラムが生徒や学校に付加価値をもたらすことに同意します。しかし、適切なプログラムを選択し、それを私たち自身のものにアレンジして、日常の実践と統合する必要があります。単にSELの授業を提供するだけでは不十分です。では、準備をはじめましょう。データ分析を担当したい人はいますか？　このプロセスには、保護者の声を集める人が何人か必要となります」

ブライトライツ・リーダーシップ・アカデミーの教師は、校長のリーダーシップのもと、学校における意思決定を極めて健全な形で行っています。優れたSELのカリキュラム(2)がたくさんありますが、あなたの学校に適しているのはどのプログラムですか？　これらの実践を、毎週木曜日の午後に教えるだけでなく、教科指導を含めて学校生活の一部としてどのように組み込みますか？　そして、完全にSELが学校生活に統合されるために、家庭やコミュニティーの強みをどのように活用しますか？

(1) これについて詳しくは、下のQRコードおよびブログ全体をご覧ください。

(2) SEL関連の調査および普及機関である「CASEL: Collaborative for Academic, Social and Emotional Learning」やハーバード大学にベースを置く「EASEL: The Ecological Approaches to Social Emotional Learning」が出しているレポートでも、四〇〜五〇のプログラムが比較紹介されています。さらに、それ以外のプログラムが数百もあると言われています。

まずは教師にSEL能力をつける

SELの原則を生徒に教えても、[3] 教師自身がそれらを普段の実践に統合し、その活用が求められる実際の生活場面にいかさなければうまくいかないことは研究結果からも明らかとなっています［参考文献70］。

教師がSELの能力を身につけるための簡単な方法は教員研修です。[4] しかし、目的が明確に示されていない教員研修では意味がありません。学校全体の合意やその後の取り組みに結びつけられていない研修会では、その重要性が認識されず、教師から賛同は得られないでしょう。また、コーチングやモニタリングなどのフォローアップがなければ、たとえ適切に実施された教員研修でさえ単なるイベントに終わってしまいます。[5]

SELは、データの収集と活用、保護者の関与、教育委員会（日本では文部科学省）の教育理念や教育方針など、学校のあらゆる方面から支えられる必要があります。それを実現する唯一の方法は、明確な目標と綿密な計画を目指すことです。これについては、ハーバード大学の研究者たちが四段階のステップを提案しています［参考文献69］。

❶意思決定のためにデータを活用する。

❷主要な学校関係者[6]を巻き込む。
❸ニーズと目標を明確にする。
❹目標に基づいて、プログラムまたはアプローチ[7]を選択する。

さらに私たちは、この四ステップに教師が協力して取り組めば、ＳＥＬ実践を成功させるために必要とされる能力が教師自身に身につくと主張します。

ＳＥＬを日常の授業に統合するというのは一度きりではありませんので、この四ステップも繰り返し用いられます。学校は、生徒のＳＥＬに関するスキルの発達を促進するための活動を、このステップを繰り返し（かつ、行ったり来たりする形で）用いて、達成された成果と新たな課題

（３）ここでの「教える」は、教師が単に語って聞かせるレベルです。ある意味で日本の道徳教育と同じ（?）でしょう。
（４）このための最適な本が『エンゲージ・ティーチング』です。
（５）この点については、右側のＱＲコードの二つ目の表が明らかにしています。ちなみに、これは授業にも同じことが言えます（ＱＲコード左側）。
（６）教職員はもちろんのこと、保護者、地域の団体や人々、そして生徒も含まれます。
（７）前者は既存のプログラムないしカリキュラムのことで、後者はそれらを選んで導入する代わりに、自分たちなりのやり方を模索することを意味します。

を明らかにしながら継続してモニターし、改善する必要があります。学校全体で効果的なSEL の取り組みを開始するための、各ステップを詳しく見ていきましょう。

意思決定のためのデータの活用

まずは、学校の現状を調べることからはじめます。生徒に関するさまざまなデータを分析して、強みとともに伸ばせる分野を明らかにするといった作業が挙げられます。(8) ほとんどの教育委員会では、安全で健康な学校づくりの一環として毎年このようなデータ収集を行っていますが、それには、いじめ、生徒と教師との関係、学習環境に関する豊富なデータが含まれています。それらのデータをさらに集計・整理して、年齢、性別、社会経済、言語、そしてプログラムの実施状況別の傾向を分析しなければなりません。

私たちは、「隅々まで見る」というデータ分析のアプローチを提唱しています。これは、表面的なレベルを超えて、目に見えにくいデータの裏側を明らかにすることを目的としたものです［参考文献66］。

「隅々まで見る」の一例として、全国の学校では「生徒のホットスポット（危ない場所）マップ」を活用して、学校環境のデータを集めています。学校環境調査の一環として、生徒は校内の地図を受け取り、安全性が極めて低く、いじめが発生している場所などを丸で囲みます。カフェテリアヤバスの乗り場などといった公共の場がよく挙げられます。

この地図によって、大人の見守りが必要な場所や、ＳＥＬの原則を強化する必要のある場所が明らかになります。また、すでにその場所にいる大人（たとえば、カフェテリアのスタッフや監督者）が、効果的な行動をとるために必要とされる専門的なトレーニングやサポートを受けているかどうかについて話し合うきっかけともなります。

二番目に重要な情報源は教師自身です。「学校の公平度チェック」の一部はＳＥＬに関連しています［参考文献140］。このチェック表は、私たちが勤務する学校で開発および試験運用されていますが、公平性を重視した学校づくりの五つの側面について教師と生徒に調査するといったものです。

・多様性の尊重[9]
・感情と社会性を伴った取り組み
・学びの多様な機会

（8）　現状分析というと弱みや欠点などに目が行きがちですが、少なくとも当初は、そのアプローチは効果的ではないと言われています。強みや伸ばせる分野に焦点を当てれば、より容易に（かつ楽しく）成功体験が味わえるからです。前者は「欠陥モデル」、後者は「成功モデル」と言われています。小さな成功を蓄積すること以上によい方法はありません。

表７－１　学校における感情と社会性を伴った取り組みのアセスメント

感情と社会性を伴った取り組み
①私たちの学校では、生徒の感情と社会性のニーズ（向社会的スキルからトラウマへの対処まで）が適切に支援されている。
②生徒は、学校が安全で安心できると感じている。
③教師は、生徒のメンタルヘルスとウェルビーイングに問題がある場合の対処方法を知っている。
④カウンセリングや社会福祉の支援が必要な生徒は、それらを受け取ることができる。
⑤私たちの学校ではいじめの問題はない。
⑥学校に来るのを恐れている生徒がいる。
⑦教職員は、生徒を気遣う姿勢を示している。
⑧学業成績以外のことについて気遣い、支援や指導を必要とする生徒がいる。
⑨少なくとも一人の教職員が、どの生徒に対しても気遣い、支援や指導をしている。
⑩異なるバックグラウンドをもつ生徒同士がお互いをよく理解し、協力するために、私たちは建設的な人種間の人間関係を促進している。
⑪私たちは、文化的に有能な教職員である。
⑫私たちの学校には、生徒の出席率を向上させるための方針とプログラムがある。
⑬生徒の出席率を向上させるために、さらに多くの時間をかける必要がある。
⑭私たちの学校の生徒指導は、懲罰ではなく関係修復をベースにしている。
⑮教職員は、学校全体の生徒指導計画を理解し、その実施に役立つ教員研修を受けている。
⑯私たちは、規律に対する学校全体のアプローチを理解し、実行している。
⑰生徒は、教師との関係を大切にしている。
⑱生徒は、問題行動をした場合に公平に扱われており、与えられる罰則は、人種などの特性ではなく、思いやりという倫理に基づいている。
⑲一部の生徒が悪いことをした場合、ほかの生徒とは異なる扱いを受ける。
⑳一部の生徒は、授業から外されたり、停学や退学にされる可能性が高い。

（出所）Building Equity: Policies and Practices to Empower All Learners (p.193), by D. Smith, N. Frey, I. Pumpian, and D. Fisher, 2017, Alexandria, VA: ASCD. より転載。著作権は ASCD（2017）が所有。

・教師の優れた指導
・学習意欲の高い学習者(10)

このチェック表の二つ目にある「感情と社会性を伴った取り組み」に関する二〇の質問は、生徒のカウンセリングとメンタルヘルスのニーズを支援するための学校システムの有効性、および規律や出席に関する方針についての考え方を調査するためのものです。**表７－１**として質問を掲載しましたので参照してください。

私たちは、ＳＥＬの原則が教えられているかどうかではなく、結果に焦点を当てることを選択しました(11)。学校に対する恐怖感や疎外感は、生徒の長期欠席や不登校の一因となります。また、クラスメイトや教師との関係に緊張感を抱いている生徒は、安心して授業に参加できないという時間が長くなります。

---

(9)　(physical integration) 直訳すると「物理的な統合」ないし「ハードの統合」となりますが、参考文献140では「公平な学校は多様性に富んでおり、生徒の違いやユニークな経験を尊重します」と説明されていましたので「多様性の尊重」としました。

(10)　(Engaged and inspired learners) 翻訳に困りました。主には、生徒たちを対象にした質問項目かと思いますが、学習者には教師も含まれると思います。

しばしば教師は、メンタルヘルスの面で深刻な支援ニーズのある生徒が満たされていない状態に気づくことがあります。ＳＥＬの視点で調査する必要がある追加のデータには、出席記録と停学および退学率が含まれます。これらのデータに潜んでいる不公平さが格差を明らかにし、より集中的な介入を必要とする生徒の発見につながります。

三番目の情報源は保護者と家庭です。とくに、私たちの学校に初めて来た家庭から得られる視点は、この学校を知らないからこそ重要な情報源となります。学校から送る最初の情報提供の成果を評価してもらうために、入学から二～三週間後、歓迎の手紙とともに家庭調査の第一部を送ります（**表7－2**を参照）。手紙は、学校全般に対する保護者の印象・感想や価値観を尋ねる内容になっているので、家庭に対して前向きなメッセージを送るものとなっています。

さらに、調査の第二部を毎年すべての家庭に送付して、学校の改善すべき点が特定されるようにしています。これらの調査から収集された情報は、家庭と教師との間のコミュニケーションの架け橋となります。

以上のデータをまとめると、学校でのＳＥＬに関する現状把握ができます。ＳＥＬに関する話し合いをはじめる手段として、このデータを教師と共有する必要があります。ただし、教師のなかには詳細な分析を避けて具体的な方策に走ってしまう人がいますので気をつけてください。よ

表7－2　入学者の家庭調査

私たちの学校が、あなたの家族やお子さんのニーズをどれだけ満たしているか、そして、あなたが学校をどのように感じているのか、ぜひ教えてください。

・正解や不正解はありません。私たちはあなたの考えに関心があります。
・あなたの答えは公開しません。ただし、あなたの回答は、調査結果のレポートでほかの保護者の回答と合わせて紹介される場合があります。
・あなたの協力はとても重要です。調査結果は集約して、保護者と学校の間のパートナーシップを強化するための学校改善に使用されます。

お子さんは何年生ですか？（該当するものすべてに丸を付けてください）

K　1　2　3　4　5　6　7　8　9　10　11　12

昨年、本校に入学したお子さんはいますか？

□はい　　　　□いいえ

あなたが学校を訪問するとき	いつも	たいてい	時々	まったくない
受付のスタッフはフレンドリーで親切ですか？				
先生は話しやすいですか？				
管理職は話しやすいですか？				
歓迎されていると思いますか？				

あなたやあなたの家族に連絡をする際、もっとも望ましい方法はどれですか？（該当するものをすべて選択してください）

□学校のメモ（電子メール、ウェブサイト、手紙など）
□子どもの担任
□カウンセラー
□直接連絡／対面（電話、学校／家庭訪問、面談）
□その他（具体的に記入してください）：

本校とのコミュニケーションについて、ほかに何かあれば教えてください。

昨年、学校から次の連絡がありましたか（該当するものをすべて選択してください）。

□お子さんの学業成績
□お子さんの学業上の課題
□お子さんの前向きな社会的行動
□お子さんの否定的な社会的行動
□お子さんが達成したことに対する表彰（スポーツ、音楽、ボランティア活動など）
□業務連絡（挨拶、自己紹介など）
□その他（具体的に記入してください）：

お子さんの成長と課題に関するやり取りに関して、ほかに何かあれば教えてください。

次の内容に、どのくらい賛成しますか？　反対しますか？	強く賛成	賛成	反対	強く反対
学校は私の子どもに大きな期待を寄せています。				
学校はそれらの期待を、私と私の子どもにはっきりと伝えています。				
私の子どもは、卒業後のキャリア発達のために知っておくべきことを学んでいます。				
私の子どもは、学習面や対人面で困難が生じたとき援助を受けられます。				
学校で教える内容と方法は、私の子どもに興味と学習意欲を与え続けています。				
私の子どもは学校で幸せです。				

本校について、ほかに何かあれば教えてください。

____

____

このアンケートにご協力いただき、誠にありがとうございます。 あなたのような家族がいなければ、私たちは世界で一番の学校をつくりだすことはできません。

（出所）Building Equity: Policies and Practices to Empower All Learners (pp. 38–39), by D. Smith, N. Frey, I. Pumpian, and D. Fisher, 2017, Alexandria, VA: ASCD. より転載。著作権は ASCD（2017）が所有する。

く見られることですが、詳細な分析をしないと焦点がぼやけて、やることばかりが増えてしまい、振り返りや支援が困難になるほど大きな取り組みになってしまう傾向があります。

私たちは、具体的な方策に飛びつく前に、簡単な方法を使ってデータ分析に取り組んでいます。教職員全員でデータを共有したあと、八人一組の小グループに分かれ、「観察と疑問」と呼ばれる二段階の活動を行っています。

第一段階では、五分間、メンバーがそれぞれ付箋に一つずつ、データを見て分かった客観的な観察結果を書きます。その後、メンバー全員の観察結果が示されるまで、一つずつ結果を共有していきます。次に、グループの進行役が付箋を分類して、類似する結果をまとめて、分類ごとにラベルを付けていきます。

第二段階では、「私は……が疑問です」という文を使って、できるだけ多くの疑問を出しあいます。すべての疑問が共有されたあと、進行役は（ここでもグループのメンバーから意見を取り入れながら）疑問を分類します。そして、全グループが集まり、グループごとにデータ分析から抽出された観察結果と疑問の分類を紹介しあいます。

分類は、データ内およびデータ間の大枠を示すものであり、話し合いを脱線させかねない一つ一つの方法にとらわれる必要はありません。話し合いは、最初の調査結果に基づいて、具体的な方策を考えるための会議に参加してもらいたい主要な学校関係者のリストを作成し、学校がその人たちからどのような情報を得たいのかについて確認して終了します。

主要な学校関係者を巻き込む

ＳＥＬの取り組みによって得られる成功は、家庭、生徒、および教職員の参加によって飛躍的に向上します。生徒（さらにいえば、大人にとっても）の一日のすべての瞬間がＳＥＬに関するスキルや心構えに関係していることを考えると、現在における全生徒のニーズと強みを知ること、およびＳＥＬを阻害または強化する組織の方針について、関係者から幅広い情報やアイディアを募ることには意味があります。

また、ＳＥＬの取り組みに関する評価に関しては、生徒のフォーカスグループ（話し合ってもらうこと）は優れた情報源となります。なお、生徒のフォーカスグループは、多様な経験を考慮してグループを編成する必要があります。なぜなら、生徒会執行委員に選出されるようなリーダーは、クラブにも所属していない、または部活動にも参加していない生徒とはまったく異なる見方をしている可能性があるからです。

繰り返しになりますが、ＳＥＬの取り組みを評価するためには、できるだけ多くの視点から情

（11）　これが真のアカウンタビリティーです。日本では「説明責任」と訳されますが、本来は「結果責任」とすべきではないかと思います。訳し方で、することがまったく違ってきます。

報を集めて、得られた貴重なデータを隅々まで見るようにしてください。

これらの生徒のグループは、司会者によってリードされるなか、準備された質問（最大で五問から一〇問）について話し合います。フォーカスグループ・インタビューの参加者に対しては、事前に目的を伝えるというのが彼らの主体性を引き出すうえにおいて大事となります。ちなみに、いくつかの関連するデータを生徒のフォーカスグループと共有し、そのデータに対する彼らの反応を聞くことがとても有効であると分かりました（たとえば、「ケアリングに関する生徒の考え方のデータに驚きはありましたか？　この結果はあなたが思っていたよりも高いですか、それとも低いですか？」）。

次に私たちは、前向きな代替案にはどのようなものがあるのかということについても尋ねます。たとえば、カフェテリアのスタッフとともに、ホットスポット（生徒にとって危ない場所）として挙げられる回数のデータを共有し、データに対する彼らの反応を聞きだしてから、争いのないカフェテリアがどのようなものなのかについて説明を求めます。

私たちの学校では、「どうすればもっとよくなるだろうか？」という問いかけとともに、職員室前のスクリーンに調査データを掲示してアイディアを募っています。データのなかには、生徒の出席停止の数や退学率など、以前は「問題のある指標」として特定されていたものもあります。閲覧者は匿名で意見を書いて、近くの提案箱に入れることができます。とくに、生徒の送迎や学校改善のための話し合いに出席しようとやって来た祖父母やおじさん・おばさんたちが書く意見の多さには驚きました。

学校が発信する情報が果たす広報的な役割を忘れないでください。質問を投げかけることで、学校関係者を学校の意思決定のプロセスに巻き込むことができ、学校関係者は学校からの質問に答えることによって自分たちの価値観を学校に伝えることができるのです。

ニーズの把握と目標の設定

学校に対する具体的なニーズを把握し、目標を設定するには、「根本原因分析」を使用することをおすすめします。根本原因分析とは、実証されたデータや関係者から得られた情報をもとにしてニーズを調べ、生徒の成長を妨げる可能性のある要因とそれ以外の要因を考慮し、障害を取り除く（または、障害を乗り越えたり、回避したりする）ために何をすべきかについて考えるという分析手法です。

経験豊富な教育委員会の行政職員は、かつて私たちに「それぞれのシステムは、得られる結果を生みだすように絶妙に調整されています」と言っていました。これは本当の話で、システム変更によって結果がどのように変わるか、試してみませんか？　私たちが使用する根本原因分析には、以下に示す六つの要素が組み込まれています［参考文献66］。

生徒の要因——出席率や生徒の学校環境に関するデータ（学校の印象など）は、人口統計データ以外の多くの要因について、考えるきっかけを与えてくれる可能性があります。

外部要因——学校外ではありますが、これらの要因（財政支援、地域の犯罪率、図書館へのアクセス、保護者の支援など）は、学校内で起こることに影響を与える可能性があります。

組織構造——すべての学校には、人員、役割と責任、および内部のアカウンタビリティー（二九一ページの注参照）という手順を含む構造があります。

たとえば、学校はＰＬＣ（二七八ページ参照）を構築する形で学校改善に取り組んでいますか？　スクールカウンセラーまたはソーシャルワーカーが、これらのチームと会ってデータについて話し合う機会はありますか？

組織文化——学校内で行われている教職員や生徒による相互のやり取りは、組織文化を阻害または強化する可能性があります。一方、毎朝、生徒全員が参加する朝礼を行っている学校は、年に数回だけ集まる学校とは異なる組織文化をもっています。

また、学年や学科ごとに教師の協働作業を目的として「学習ウォーク」[12]を義務化している学校は、教師が授業改善のためにお互いをまったく観察しあわないという暗黙のルールがある学校とは異なる組織文化をもっています。

指導——最後の二つの要素、つまり「指導」と「カリキュラム」は、問題解決を目的として最初に取り組む場合が多いため、根本原因分析のプロセスでは意図的に後半にしています。質の高い指導は、学校で何が起こっているのかを示す主要な指標となります。しかし、質の高い指導を妨げる可能性のあるほかのシステムを最初に考えずにこの要因に飛びついてしまうと、沈没船のデッキチェアを並べ替えるようなもので、意味のない可能性があります。

カリキュラム――残念なことに、多くの学校がＳＥＬプログラムを購入するだけで終わりにしています。たしかに、信頼できる、無料および市販のプログラムはたくさんあります。同じように、購入可能な高評価の車種がたくさんありますが、よい車だからといって、あなたにぴったりの車というわけではありません。

ＳＥＬの場合も同じです。プログラムやアプローチは、学校が何を必要としているのかを注意深く検討したあとにのみ選択が可能となります[13]。

---

(12)　五つから六つのクラスを約一〇分ずつ授業参観して周り、その後、一緒に訪問したメンバーで見たことや学んだことを話し合うという方法です。

(13)　当然のことながら、選択／購入すれば「それですべてよし」というわけにはいきません。『感情と社会性を育む学び（ＳＥＬ）』の最終章のタイトルは「プログラムではなく、人がＳＥＬに好影響を及ぼす」となっているように、すべて教師次第です。『エンゲージ・ティーチング』には、ＳＥＬについて教師が学びあうためのアイディアがたくさん紹介されています。

根本原因分析によって特定された要因のなかには、学校の取り組みだけでは対処できないものがあります。しかし、それらの要因を、生徒の成長を妨げる原因として挙げるべきではないというわけではありません。たしかに、それらの要因は実際に存在するわけですが、必ずしも生徒の成績を予測するものではない、と付け加えることが重要です。

たとえば、「シカゴ学校研究コンソーシアム（Consortium of Chicago Schools Research）」は、学校の安全性をもっともよく予測するのは、組織内のソーシャル・キャピタル（四三ページ参照）、生徒の学業成績、生徒と大人との人間関係である、と報告しています。(14) 生徒の貧困と地域の犯罪率は、学校の安全を予測するものではありませんでした。言い換えれば、生徒と大人の肯定的なネットワークの促進を目的としてＳＥＬに取り組むことは、生徒の社会経済的地位や地域の犯罪率を変えないものの、学業成績と安全な空間の促進につながるのです(15)［参考文献15］。

生徒の成長を妨げる根本的な原因が明らかになると、作業グループはモニタリングと評価方法の方向性を示す目標設定に取り組めます。目標を設定する際に使われる方法は、もっともよく知られている「SMART ゴール」です。これは、「具体的（specific）」、「測定可能（measurable）」、「達成可能（attainable）」、「結果を重視（results-oriented）」、「期限が定められている（time-bound）」(16)の頭文字で構成されたものです。

この目標は、実際のところ一つではなく一連の目標であり、進捗状況と有効性を評価する際に使われます。たとえば、ＳＥＬの取り組みに関連する「SMARTゴール」は次のようになります。

・学年度末までに、K～一年生の生徒が、悲しみ、心配、または恐れを感じたときに感情をコントロールする方法の例を少なくとも三つは提供できるようになる（**感情調整**）。

・一学期の終わりまでに、中学生がテスト勉強に使うテクニックを特定し、それらのテクニックをどれだけうまく使えるか振り返られるようになる（**認知調整**）。

・九年生の終わりまでに、すべての生徒がサービス・ラーニングのプロジェクトを提案・実施し、振り返れるようになる（**公共心**）。

さまざまな情報源や学校関係者からのデータを使って設定された目標は、達成される可能性が高いものです。なぜなら、根本原因分析は、学校の現状に影響を与えている多くの要因を考慮に

---

(14)　協力者から「とても興味深い調査結果であると思います」というコメントがありました。

(15)　つまり、学校外のあり様を変えるまでのインパクトはなくても、ＳＥＬに取り組むことによって学校の中だけは安全な空間であれるし、学業成績の向上も図れるということです。

(16)　最後の「期間が定められる」は、それをもとにした実行可能な計画作成と、それを実現するための継続的なモニタリングと、それに伴う計画の修正改善にこそ価値があります。単に締め切りを決めたからといって、目標は達成されません。

入れており、学校が設定する目標の基盤となる情報を提供しているからです。これは、実行可能なSELの取り組みをつくりだす際に重要となります。なぜなら、生徒を「矯正」するだけですべてがうまくいくという甘い考え方が回避できるからです。

現状を注意深く吟味し、ニーズに合った目標を立てれば、進捗状況をモニターし、プログラムを評価する能力を身につけることができるのです。[17]

目標に基づくプログラムまたはアプローチの選択

データを慎重に検討したり、学校関係者を巻き込んだり、現場特有のニーズと目標を設定することなくSELプログラムを採用（購入）してしまうというのは大きなまちがいです。データ分析をしなければ、必要性が定かでないプログラムをやみくもに選択してしまうというリスクが生じます。学校関係者を事前に巻き込まないと、かぎられた教師、生徒、そして家庭からの賛同しか得られないため、取り組みは明らかに失敗してしまうでしょう。多くの人にとっては、追加業務が増えただけと認識され、日常の忙しさを考えると、導入段階で中止となることがほぼ確実です。

注意深く検討されたプログラムでさえ、明確になったニーズに合わせた目標がなければ実践が進まないという危険性があるのです。しかし、「SMARTゴール」は、学校の管理職と教職員に実践をモニターし、改善・修正する方法を提供します。

ようやく、すべての情報がそろったので、プログラムを選択する段階が来ました。学校が特定したニーズによっては、自分たちが考えだしたアプローチがもっとも効果的になる可能性が高くなります。

教育委員会の多くは、地域に根差した文化的規範、地域の強み、および外部機関と連携する機会に基づいて、教育委員会や学校が行うＳＥＬの取り組みをカスタマイズ（対象や目的に応じて仕様を変更すること）したいため、この方法を選択します。学校または教育委員会がカスタマイズした独自のアプローチを選択する場合は、以下に示すように、効果的なプログラムを開発するためにＳＥＬの取り組みそのものの質の指標に留意してください［参考文献70］。

・教室で行う活動は、中核となるＳＥＬの授業だけでなく、それ以外にも取り組む必要があります。ＳＥＬの原則は、教科や科目だけではなく、昼食、休憩、放課後プログラム、スポーツ、クラブ活動などの教科学習以外の場に統合する必要があります。

(17)　このアプローチは、何事に対しても応用可能です。一例を挙げると、教科書をカバーするだけの授業です。長年続いていることからも、この「現状を吟味し、ニーズに合った目標を立て、進捗状況をモニターし、プログラムを評価する」を活用すれば、すぐにでも転換できるはずです。同じことは、大学の教員養成課程にも言えます。

・学校文化や学校環境の改善を目的とした学校全体での取り組みは、クラス内の取り組みを積極的にサポートする必要があります。ＳＥＬの取り組みを促進するには、朝の日課、事務手続きの手順、ウェブサイトおよびソーシャルメディアなどを活用する必要があります。

・学童保育や放課後の活動を、ＳＥＬの取り組みをサポートするために活用することができます。学童保育や放課後の活動を開発する場合は、担当者が活用できるやり方と資料の準備が必要となります。学童保育の職員や放課後での活動の担い手が学校職員の公式メンバーでない場合はとくに重要となります。

・学校でのＳＥＬの取り組みは、地域の状況を活用する必要があります。ＳＥＬの取り組みを拡げる際は、大学や企業などのコミュニティー・パートナーと積極的に連携してください。プログラムの継続的な実施に、ＰＴＡも巻き込んでください。

・教師のＳＥＬのスキルを深めるために、継続的な教員研修を実施します。一般的に教員研修は、ＳＥＬを含めて、ある教育課題への取り組みの必要性を強調した内容がほとんどで、それを維持発展させる方法まで扱う踏み込んだ研修は行われていないので、結果的に失敗するケースがとても多くなっています。また、ＳＥＬの取り組みがはじまってから、異動などによって後から参加する教職員のことも忘れないでください。学校に新しく加わった人は、ＳＥＬプログラムについてどのように学びますか？

・ＳＥＬの取り組みをサポートする仕組みをつくります。前述したように、最初にＳＥＬを採用する段階から継続的な取り組みの段階に移行するには、フォローアップとコーチングが必要です。とはいえ、これらは自然に起こるものではありません。学校の管理職は、教師と協力して、教師への継続的なサポートを提供する方法について考える必要があります。

・目標に合わせた方法を使って結果を評価します。これには、生徒のＳＥＬ関連のパフォーマンスを評価するために使用するチェックリストやそれ以外の非公式な方法、およびこの取り組みに参加した大人の感想を収集するための調査などが含まれます。「SMARTゴール」は、生徒の成果を判断し、必要な改善点を特定するための手段を提供します。

・実施状況を評価する方法を使用します。新しい取り組みは、開始が期待以上にゆっくりだったり、最初のうちだけ勢いがあったりするものですが、その後、年度が進むにつれて忘れ去られていくといった傾向があります。「ログ」[18]や「学習ウォーク」（二九四ページを参照）などの方法を使えば、学校全体の実施レベルが評価できます。

・家庭の参加を最大化します。家庭は、学校がもっている最高の資源なのですが、家庭ができることを最大限には活用していません。もちろん家庭は、学校で何が起こっているのかを知

(18)　記録をとる日誌のことです。ブログなどは公開版と言えます。

らなければ、学校ベースのＳＥＬの取り組みに対してサポートできません。家庭への手紙や学校のニュースレターにＳＥＬに関する情報を必ず載せて、ＳＥＬと学業との関連に焦点を当てた情報提供のイベントを企画してください。

・地域社会を巻き込みます。ＳＥＬの成果を本当に表すものは、生徒の地域社会への奉仕です。学校は、サービス・ラーニングのプロジェクトをサポートしてくれる地域社会のパートナーを発掘（育成）できます。また、地域社会のリーダーを、就職説明会やファミリー・ナイト(19)、およびその他のイベントに招待して、彼らにもＳＥＬを共有してもらいましょう。

これらの原則は、学校や教育委員会が採用を検討している市販のＳＥＬプログラムを評価する際の指標としても使うことができます。

まとめ

第１章では、ＳＥＬがさらに注目される時期に来ている理由についての議論からはじめました。私たちが強調したように、教師が意図しているかどうかにかかわらず、学校の教師は何らかの形でＳＥＬに取り組んでいるというのが実情です。よって、私たちの教える方法、教え方、そして私たちが教えないこと、しないことなど、すべての選択は、生徒や保護者、地域住民に対して私たちの価値観を明確に伝えていることになります。

世界がますます加速しているように見える現在、若者はどのようにすれば魅力的で素晴らしい人になれる（教室の内外で市民として学び、社会参加していくために必要不可欠なスキルを身につける）のかについての知恵を、周りの大人に求めています。一方、私たちのなかには、このような当たり前とされる責任を完全に受け入れるのに、なぜこんなにも長い時間がかかってしまったのかと疑問に思う人がいるかもしれません。素朴に、教育や社会について考え直してみましょう。

「木を植えるのに最適な時期は二〇年前です。木を植えるのに二番目によい時期は、今日です」
「あなたは、どんな木を植えますか？　そして、いつ？」

---

(19)　学校に生徒の家族を招待して、みんなで楽しむというイベントです。

・チェインバーリン、アダムほか『挫折ポイント』福田スティーブ利久ほか訳、新評論、2021年
・デューク、マイロン『聞くことから始めよう！――やる気を引き出し、学習意欲を高める評価』（仮題）吉川岳彦ほか訳、さくら社、2023年予定
・バロン、ローリー『「居場所」のある学級・学校づくり』山﨑めぐみほか訳、新評論、2022年
・フィッシャー、ダグラス『「学びの責任」は誰にあるのか』吉田新一郎訳、新評論、2017年
・ボス、スージーほか『プロジェクト学習とは』池田匡史ほか訳、新評論、2021年
・ミシェル、ウォルター『マシュマロ・テスト――成功する子・しない子』柴田裕之訳、ハヤカワ・ノンフィクション文庫、2017年
・メイナード、ネイサンほか『生徒指導をハックする――育ちあうコミュニティーをつくる「関係修復のアプローチ」』高見佐知ほか訳、新評論、2020年。
・吉田新一郎『いい学校の選び方』中央公論新社、2004年
・吉田新一郎『効果10倍の教える技術』PHP 新書、2006年
・吉田新一郎『読み聞かせは魔法！』明治図書出版、2018年
・吉田新一郎ほか『増補改訂版　シンプルな方法で学校は変わる』みくに出版、2019年
・吉田新一郎『改訂増補版　読書がさらに楽しくなるブッククラブ』新評論、2019年
・ラヴィシー－ワインスタイン、クリスティーン『不安な心に寄り添う――教師も生徒も安心できる学校づくり』小岩井僚ほか訳、新評論、2022年
・リトキー、デニス『一人ひとりを大切にする学校 ――生徒・教師・保護者・地域がつくる学びの場』杉本智昭ほか訳、築地書館、2022年
・レント、リリア・コセット『教科書をハックする』白鳥信義ほか訳、新評論、2020年
・ロウズ、ジョン・ミューア『自然探究ノート――ネイチャー・ジャーナリング』杉本裕代ほか訳、築地書館、2022年

訳注で紹介した本の一覧

・ウィーヴァー、ローラ『エンゲージ・ティーチング――SELを成功に導くための５つの要素』（仮題）高見佐知ほか訳、新評論、2023年予定
・ウィルソン、ジェニほか『増補版「考える力」はこうしてつける』吉田新一郎訳、新評論、2018年
・エンダーソン、マイク『教育のプロがすすめる選択する学び』吉田新一郎訳、新評論、2019年
・クーロス、ジョージ『教育のプロがすすめるイノベーション――学校の学びが変わる』白鳥信義ほか訳、新評論、2019年
・コヴィー、スティーブンほか『リーダー・イン・ミー』フランクリン・コヴィー・ジャパン訳、キングベアー出版、2014年
・サックシュタイン、スター『ピア・フィードバック』田中理紗ほか訳、新評論、2021年
・サックシュタイン、スターほか『一斉授業をハックする――学校と社会をつなぐ「学習センター」を教室につくる』古賀洋一ほか訳、新評論、2022年
・サックシュタイン、スター『成績だけが評価じゃない――感情と社会性を育む（SEL）のための評価』中井悠加ほか訳、新評論、2023年
・ジェイコブズ、ジョージほか『先生のためのアイディアブック』関田一彦監訳、日本協同教育学会、2005年
・ジョンストン、ピーター『言葉を選ぶ、授業が変わる！』長田友紀ほか訳、ミネルヴァ書房、2018年
・ジョンストン、ピーター『オープニングマインド』吉田新一郎訳、新評論、2019年
・ジョンストン、ピーター『国語の未来は「本づくり」』マーク・クリスチャンソンほか訳、新評論、2021年
・ズィヤーズ、ジェフ『学習会話を育む』北川雅浩ほか訳、新評論、2021年
・スプレンガー、マリリー『感情と社会性を育む学び（SEL）――子どもの、今と将来が変わる』大内朋子ほか訳、新評論、2022年
・スペンサー、ジョンほか『あなたの授業が子どもと世界を変える』吉田新一郎訳、新評論、2020年

子訳、草思社、2016年

39『社会性と感情の教育：教育者のためのガイドライン39』M. J. イライアスほか／小泉令三編訳、北大路書房、1999年

56『教育の効果：メタ分析による学力に影響を与える要因の効果の可視化』ジョン・ハッティ／山森光陽訳、図書文化社、2018年

60『アウトサイダーズ』S.E. ヒントン／唐沢則幸訳、あすなろ書房、2000年

65 スーザン・コリンズのシリーズ小説『ハンガー・ゲーム』を原作として、2012年に公開されたアメリカ合衆国のアクション映画。監督はゲイリー・ロス。

68『言葉を選ぶ、授業が変わる！』ピーター・H・ジョンストン／長田友紀ほか訳、ミネルヴァ書房、2018年

71『マイケル・ジョーダン：バスケの神様の少年時代』デロリス・ジョーダン、ロスリン・M・ジョーダン（カディール・ネルソン絵）／渋谷弘子訳、汐文社、2014年

73『風をつかまえた少年：14歳だったぼくはたったひとりで風力発電をつくった』ウィリアム・カムクワンバほか／田口俊樹訳、文藝春秋社、2010年

81『ひとつずつ、ひとつずつ：「書く」ことで人は癒される』アン・ラモット／森尚子訳、パンローリング、2014年

86『ぼくのだ！わたしのよ！：３びきのけんかずきのかえるのはなし』レオ＝レオニ／谷川俊太郎訳、好学社、1989年

89『ふたりの星』ロイス＝ローリー／掛川恭子ほか訳（太田大輔絵）、童話館出版、2013年

114『動物農場』ジョージ・オーウェル／山形浩生訳、ハヤカワ epi 文庫、2017年新訳版

115『ワンダー』R・J・パラシオ／中井はるの訳、ほるぷ出版、2015年

123『暴力の人類史』スティーブン・ピンカー／幾島幸子ほか訳、青土社、2015年

124『円環モデルからみたパーソナリティと感情の心理学』ロバート・プルチック、ホープ・R・コント編／橋本泰央ほか訳、福村出版、2019年

128『インサイド・ヘッド』（原題：Inside Out）は、2015年公開のアメリカ合衆国のコンピュータアニメーション3D 映画。

135『コンクリートに咲いたバラ』トゥパック・アマル・シャクール／小野木博子訳、河出書房新社、2001年

136『デイビッドがやっちゃった！』デイビッド・シャノン／小川仁央訳、評論社、2004年

141『クレージー・マギーの伝説』ジェリー・スピネッリ／菊島伊久栄訳、偕成社、1993年

142『ひねり屋』ジェリー・スピネッリ／千葉茂樹訳、理論社、1999年

147『自伝』アンソニー・トロロープ／木下善貞訳、開文社出版、2018年

157『かあさんのいす』ベラ・B. ウィリアムズ（作・絵）／佐野洋子訳、あかね書房、1984年

⑮② van der Linden, D. V., Pekaar, K. A., Bakker, A. B., Schermer, J. A., Vernon, P. A., Dunkel, C. S., & Petrides, K. V. (2017). Overlap between the general factor of personality and emotional intelligence: A meta-analysis. *Psychological Bulletin, 143*(1), 36–52. doi:10.1037/bul0000078
⑮③ Vasquez, J. (1989). Contexts of learning for minority students. *The Educational Forum, 52*(3), 243–253. doi:10.1080/00131728809335490
⑮④ Vogel, S., & Schwabe, L. (2016). Learning and memory under stress: Implications for the classroom. *NPJ Science of Learning, 1,* 1–10. doi:10.1038/npjscilearn.2016.11
⑮⑤ Waters, E., & Sroufe, L. A. (1983). Social competence as a developmental construct. *Developmental Review, 3*(1), 79–97. doi:10.1016/0273-2297(83)90010-2
⑮⑥ White, R. E., Prager, E. O., Schaefer, C., Kross, E., Duckworth, A., & Carlson, S. M. (2017). The "Batman effect": Improving perseverance in young children. *Child Development, 88*(5), 1563–1571. doi:10.1111/cdev.12695
❶⑤⑦ Williams, V. B. (1982). *A chair for my mother.* New York: HarperCollins.
⑮⑧ Wilson, D. B., Gottfredson, D. C., & Najaka, S. S. (2001). School-based prevention of problem behaviors: A meta-analysis. *Journal of Quantitative Criminology, 17*(3), 247–272. doi:10.1023/A:1011050217296
⑮⑨ Zimmerman, B. J. (1989). A social cognitive view of self-regulated academic learning. *Journal of Educational Psychology, 81*(3), 329–339. doi:10.1037/0022-0663.81.3.329

❸『きりんはダンスをおどれない』ジャイルズ・アンドレイ（ガイ・パーカー＝リース絵）／まさの・M・よしえ訳、PHP研究所、2009年
❹『世界一幸せなゴリラ、イバン』キャサリン・アップルゲイト／岡田好恵訳（くまあやこ絵）講談社、2014年
❻『シャーロット・ドイルの告白』アヴィ／茅野美ど里訳（佐竹美保絵）、あすなろ書房、2010年
❼『ポピー』アヴィ（B.フロッカ絵）／金原瑞人訳、あかね書房、1998年
❾『せかいはふしぎでできている！』アンドレア・ベイティー（デイヴィッド・ロバーツ絵）／かとうりつこ訳、絵本塾出版、2018年
⓫『自転車がほしい！』マリベス・ボルツ（ノア・Z・ジョーンズ絵）／尾高薫訳、光村教育図書、2019年
㉑『ハンガー・ゲーム』スーザン・コリンズ／河井直子訳、メディアファクトリー、2009年
㉔『「パワーポーズ」が最高の自分を創る』エイミー・カディ／石垣賀子訳、早川書房、2016年
㉚『1（ひと）つぶのおこめ：さんすうのむかしばなし』デミ／さくまゆみこ訳、光村教育図書、2009年
㉛『自分の体で実験したい：命がけの科学者列伝』レスリー・デンディほか（C.B.モーダン絵）／梶山あゆみ訳、紀伊國屋書店、2007年
㊳『マインドセット：「やればできる!」の研究』キャロル・S・ドゥエック／今西康

⑬ Sapon-Shevin, M. (1998). *Because we can change the world: A practical guide to building cooperative, inclusive classroom communities.* Boston: Allyn & Bacon.

⑭ The Secretary's Commission on Achieving Necessary Skills. (1992). *Learning a living: A blueprint for high performance. A SCANS report for America 2000.* Washington, DC: U.S. Department of Labor. Retrieved from https://wdr.doleta.gov/scans/lal/lal.pdf

135 Shakur, T. (1999). *The rose that grew from concrete.* New York: MTV Books/Simon & Schuster.

136 Shannon, D. (2002). *David gets in trouble.* New York: Scholastic.

137 Shoda, Y., Mischel, W., & Peake, P. K. (1990). Predicting adolescent cognitive and self-regulatory competencies from preschool delay of gratification: Identifying diagnostic conditions. *Developmental Psychology, 26*(6), 978–986. doi:10.1037/0012-1649.26.6.978

138 Sisk, V. F., Burgoyne, A. P., Sun, J., Butler, J. L., & Macnamara, B. N. (2018). To what extent and under which circumstances are growth mind-sets important to academic achievement? Two meta-analyses. *Psychological Science, 29*(4), 549–571. doi:10.1177/0956797617739704

139 Smith, D., Fisher, D., & Frey, N. (2015). *Better than carrots or sticks: Restorative practices for positive classroom management.* Alexandria, VA: ASCD.

140 Smith, D., Frey, N. E., Pumpian, I., & Fisher, D. (2017). *Building equity: Policies and practices to empower all learners.* Alexandria, VA: ASCD.

141 Spinelli, J. (1990). *Maniac Magee.* New York: Little, Brown.

142 Spinelli, J. (1996). *Wringer.* New York: HarperCollins.

143 Sternberg, R. J. (1998). Metacognition, abilities, and developing expertise: What makes an expert student? *Instructional Science, 26*(1–2), 127–140. doi:10.1023/A:1003096215103

144 Stirin, K., Ganzach, Y., Pazy, A., & Eden, D. (2012). The effect of perceived advantage and disadvantage on performance: The role of external efficacy. *Applied Psychology, 61*(1), 81–96. doi:10.1111/j.1464-0597.2011.00457.x

145 Strom, B. S. (2016). Using service learning to teach *The Other Wes Moore*: The importance of teaching nonfiction as critical literacy. *English Journal, 105*(4), 37–42.

146 Talsma, K., Schüz, B., Schwarzer, R., & Norris, K. (2018). I believe, therefore I achieve (and vice versa): A meta-analytic cross-lagged panel analysis of self-efficacy and academic performance. *Learning and Individual Differences, 61,* 136–150. doi:10.1016/j.lindif.2017.11.015

147 Trollope, A. (2014). *Anthony Trollope: An autobiography and other writings.* (N. Shrimpton, Ed.). New York: Oxford University Press.

148 Ungar, M. (2008). Resilience across cultures. *British Journal of Social Work, 38*(2), 218–235. doi:10.1093/bjsw/bcl343

149 Ungar, M., Brown, M., Liebenberg, L., Othman, R., Kwong, W. M., Armstrong, M., & Gilgun, J. (2007). Unique pathways to resilience across cultures. *Adolescence, 42*(166), 287–310.

150 U.S. Department of Education, National Center for Education Statistics. (2015). *National Assessment of Educational Progress (NAEP), 2014 Civics assessments.* Retrieved from https://nces.ed.gov/nationsreportcard/civics/

151 United Nations. (1948, December 10). *The Universal Declaration of Human Rights.* Retrieved from http://www.un.org/en/universal-declaration-human-rights/

⑪③ O'Keefe, P. A., Ben-Eliyahu, A., & Linnenbrink-Garcia, L. (2013). Shaping achievement goal orientations in a mastery-structured environment and concomitant changes in related contingencies of self-worth. *Motivation and Emotion, 37*(1), 50–64. doi:10.1007/s11031-012-9293-6

114 Orwell, G. (1946). *Animal farm.* New York: Harcourt, Brace.

115 Palacio, R. J. (2012). *Wonder.* New York: Random House.

116 Palincsar, A. S., & Brown, A. L. (1984). Reciprocal teaching of comprehension-fostering and comprehension-monitoring activities. *Cognition and Instruction, 1*(2), 117–175. doi:10.1207/s1532690xci0102_1

117 Park, D., Tsukayama, E., Goodwin, G., Patrick, S., & Duckworth, A. (2017). A tripartite taxonomy of character: Evidence for intrapersonal, interpersonal, and intellectual competencies in children. *Contemporary Educational Psychology, 48,* 16–27. doi:10.1016/j.cedpsych.2016.08.001

118 Partnership for 21st Century Learning. (2015). The 4Cs research series. Retrieved from http://www.p21.org/our-work/4cs-research-series

119 Perkins, D. N., & Salomon, G. (1992). Transfer of learning. *International encyclopedia of education* (2nd ed.). Oxford: Pergamon.

120 Perkins-Gough, D., & Duckworth, A. (2013, September). The significance of GRIT. *Educational Leadership, 71*(1), 14–20.

121 Peterson, E., & Meissel, K. (2015). The effect of Cognitive Style Analysis (CSA) test on achievement: A meta-analytic review. *Learning and Individual Differences, 38,* 115–122. doi:10.1016/j.lindif.2015.01.011

122 Phelps, E. A. (2004). Human emotion and memory: Interactions of the amygdala and hippocampal complex. *Current Opinion in Neurobiology, 14*(2), 198–202. doi:10.1016/j.conb.2004.03.015

123 Pinker, S. (2012). *The better angels of our nature: Why violence has declined.* New York: Penguin.

124 Plutchik, R. (1997). The circumplex as a general model of the structure of emotions and personality. In R. Plutchik & H. R. Conte (Eds.), *Circumplex models of personality and emotions* (pp. 17–45). Washington, DC: American Psychological Association.

125 Posner, G. (1992). *Analyzing the curriculum* (2nd ed.). New York: McGraw-Hill.

126 Potter, L. A. (2016). Provoking student interest in civic responsibility with an 18th century diary entry. *Social Education, 80*(4), 224–226.

127 Ramirez, G., McDonough, I. M., & Ling, J. (2017). Classroom stress promotes motivated forgetting of mathematics knowledge. *Journal of Educational Psychology, 109*(6), 812–825. doi:10.1037/edu0000170

128 Rivera, J., & Docter, P. (2015). *Inside out* [motion picture]. United States: Walt Disney Pictures.

129 Republic [Def. 2]. (n.d.). In *Merriam-Webster online.* Retrieved from https://www.merriam-webster.com/dictionary/republic

130 Road Not Taken [computer software]. Kirkland, WA: Spry Fox.

131 Rosen, L. D. (2017). The distracted student mind—Enhancing its focus and attention. *Phi Delta Kappan, 99*(2), 8–14. doi:10.1177/0031721717734183

132 Ryan, P. M. (2000). *Esperanza rising.* New York: Scholastic.

⑯ Mattis, J. S., Hammond, W. P., Grayman, N., Bonacci, M., Brennan, W., Cowie, S.A., . . . & So, S. (2009). The social production of altruism: Motivations for caring action in a low-income urban community. *American Journal of Community Psychology, 43*(1–2), 71–84. doi:10.1007/s10464-008-9217-5

97 Mayer, J., Salovey, P., & Caruso, D. (2000). Emotional intelligence as zeitgeist, as personality, and as a mental ability. In R. Bar-On & J. D. A. Parker (Eds.), *The handbook of emotional intelligence* (pp. 92–117). San Francisco: Jossey-Bass.

98 McConnell, C. (2011). *The essential questions handbook, grades 4–8.* New York: Scholastic.

99 Midgley, C. (Ed.). (2002). *Goals, goal structures, and patterns of adaptive learning.* Mahwah, NJ: Erlbaum.

100 Mikami, A. Y., Ruzek, E., Hafen, C., Gregory, A., & Allen, J. (2017). Perceptions of relatedness with classroom peers promote adolescents' behavioral engagement and achievement in secondary school. *Journal of Youth & Adolescence, 46*(11), 2341–2354.

101 Miller, L. (1989). Modeling awareness of feelings: A needed tool in the therapeutic communication workbox. *Perspectives in Psychiatric Care, 25*(2), 27–29. doi:10.1111/j.1744-6163.1989.tb00300.x

102 MindTools. (n.d.). Building self-confidence: Preparing yourself for success! Retrieved from https://www.mindtools.com/selfconf.html

103 Montgomery, S., Miller, W., Foss, P., Tallakson, D., & Howard, M. (2017). Banners for books: "Mighty-hearted" kindergartners take action through arts-based service learning. *Early Childhood Education Journal, 45*(1), 1–14. doi:10.1007/s10643-015-0765-7

104 Montroy, J. J., Bowles, R. P., Skibbe, L. E., McClelland, M. M., & Morrison, F. J. (2016). The development of self-regulation across early childhood. *Developmental Psychology, 52*(11), 1744–1762. doi:10.1037/dev0000159

105 Naragon-Gainey, K., McMahon, T. P., & Chacko, T. P. (2017). The structure of common emotion regulation strategies: A meta-analytic examination. *Psychological Bulletin, 143*(4), 384–427. doi:10.1037/bul0000093

106 National Geographic. (2008). *Every human has rights. A photographic declaration for kids.* New York: Penguin Random House.

107 National Youth Leadership Council. (2008). *K–12 service-learning standards for quality practice.* Saint Paul, MN: Author. Retrieved from https://nylc.org/wp-content/uploads/2015/10/standards_document_mar2015update.pdf

108 Nelson, A. E. (2009). *Social influence survey.* Retrieved from https://stca.org/documents/2016/6/Kidlead%20Social%20Influence%20Survey.pdf

109 Nelson, A. E. (2017). Mining student leadership gold. *Principal Leadership, 17*(7), 48–51.

110 Noddings, N. (2012). The caring relation in teaching. *Oxford Review of Education, 38*(6), 771–781. doi:10.1080/03054985.2012.745047

111 Norton, P. J., & Weiss, B. J. (2009). The role of courage on behavioral approach in a fear-eliciting situation: A proof-of-concept pilot study. *Journal of Anxiety Disorders, 23*(2), 212–217. doi:10.1016/j.janxdis.2008.07.002

112 Öhman, A., Flykt, A., & Esteves, F. (2001). Emotion drives attention: Detecting the snake in the grass. *Journal of Experimental Psychology, 130*(3), 466–478. doi:10.1037/0096-3445.130.3.466

⑱ Kohlberg, L. (1963). The development of children's orientations toward a moral order: I. Sequence in the development of moral thought. *Vita Humana, 6*(1–2), 11–33.
⑲ Kristian, B. (2014, September 19). Nearly two-thirds of Americans can't name all three branches of the government. *The Week.* Retrieved from http://theweek.com/speedreads/445970/nearly-twothirds-americans-cant-name-all-three-branches-government
⑳ Kuypers, L. (2013). The zones of regulation: A framework to foster self-regulation. *Sensory Integration, 36*(4), 1–3.
81 Lamott, A. (1995). *Bird by bird: Some instruction on writing and life.* New York: Anchor.
82 LeCompte, K., Moore, B., & Blevins, B. (2011). The impact of iCivics on students' core civic knowledge. *Research in the Schools, 18*(2), 58–74.
83 Lee, D. S., Ybarra, O., Gonzalez, R., & Ellsworth, P. (2018). I-through-we: How supportive social relationships facilitate personal growth. *Personality & Social Psychology Bulletin, 44*(1), 37–48. doi:10.1177/0146167217730371
84 Levine, P., & Kawashima-Ginsberg, K. (2017, September 21). *The Republic is (still) at risk—And civics is part of the solution. A briefing paper for the Democracy at a Crossroads National Summit.* Retrieved from http://www.civxnow.org/documents/v1/SummitWhitePaper.pdf
85 Liberman, Z. L., & Shaw, A. (2017). Children use partial resource sharing as a cue to friendship. *Journal of Experimental Child Psychology, 159,* 96–109.
86 Lionni, L. (1996). *It's mine!* New York: Dragonfly Books.
87 Lithwick, D. (2018, February 28). They were trained for this moment. How the student activists of Marjory Stoneman Douglas High demonstrate the power of a comprehensive education. *Slate.* Retrieved from https://slate.com/news-and-politics/2018/02/the-student-activists-of-marjory-stoneman-douglas-high-demonstrate-the-power-of-a-full-education.html
88 Lower, L. M., Newman, T. J., & Anderson-Butcher, D. (2017). Validity and reliability of the Teamwork Scale for Youth. *Research on Social Work Practice, 27*(6), 716–725. doi:10.1177/1049731515589614
89 Lowry, L. (1989). *Number the stars.* Boston: Houghton Mifflin Harcourt.
90 Macgowan, M. J., & Wong, S. E. (2017). Improving student confidence in using group work standards. *Research on Social Work Practice, 27*(4), 434–440. doi:10.1177/1049731515587557
91 Maclellan, E. (2014). How might teachers enable learner self-confidence? A review study. *Educational Review, 66*(1), 59–74. doi:10.1080/00131911.2013.768601
92 Maier, S., & Seligman, M. (1976). Learned helplessness: Theory and evidence. *Journal of Experimental Psychology: General, 105*(1), 3–46. doi:10.1037/0096-3445.105.1.3
93 Marinak, B. A., & Gambrell, L. B. (2016). *No more reading for junk: Best practices for motivating readers.* Portsmouth, NH: Heinemann.
94 Marsden, P. (1998). Memetics and social contagion: Two sides of the same coin? *Journal of Memetics: Evolutionary Models of Information Transmission, 2.* Retrieved from http://cfpm.org/jom-emit/1998/vol2/marsden_p.html
95 Marulis, L. M., Palincsar, A., Berhenke, A., & Whitebread, D. (2016). Assessing metacognitive knowledge in 3–5 year olds: The development of a metacognitive knowledge interview (McKI). *Metacognition and Learning, 11*(3), 339–368. doi:10.1007/s11409-016-9157-7

⑥③ Humphrey, N., Kalambouka, A., Wigelsworth, M., Lendrum, A., Deighton, J., & Wolpert, M. (2011). Measures of social and emotional skills for children and young people: A systematic review. *Educational and Psychological Measurement, 71*(4), 617–637. doi:10.1177/0013164410382896

⑥④ Huntington, J. F. (2016). *The resiliency quiz.* Chevy Chase, MD: Huntington Resiliency Training. Retrieved from http://www.huntingtonresiliency.com/the-resiliency-quiz/

⑥⑤ Jacobson, N., & Ross, G. (2012). *The hunger games* [motion picture]. United States: Lionsgate Films.

⑥⑥ James-Ward, C., Fisher, D., Frey, N., & Lapp, D. (2013). *Using data to focus instructional improvement.* Alexandria, VA: ASCD.

⑥⑦ Jiang, Y. J., Ma, L., & Gao, L. (2016). Assessing teachers' metacognition in teaching: The Teacher Metacognition Inventory. *Teaching and Teacher Education, 59,* 403–413. doi:10.1016/j.tate.2016.07.014

⑥⑧ Johnston, P. H. (2004). *Choice words: How our language affects children's learning.* Portsmouth, NH: Stenhouse.

⑥⑨ Jones, S., Bailey, R., Brush, K., & Kahn, J. (2018). *Preparing for effective SEL implementation.* Cambridge, MA: Harvard Graduate School of Education.

⑦⓪ Jones, S., Brush, K., Bailey, K., Brion-Meisels, G., McIntyre, J., Kahn, J., . . . & Stickle, L. (2017). *Navigating SEL from the inside out. Looking inside & across 25 leading SEL programs: A practical resource for schools and OST providers (elementary school focus).* Cambridge, MA: Harvard Graduate School of Education and the Wallace Foundation. Retrieved from http://www.wallacefoundation.org/knowledge-center/Documents/Navigating-Social-and-Emotional-Learning-from-the-Inside-Out.pdf

⑦① Jordan, D., & Jordan, R. M. (2003). *Salt in his shoes: Michael Jordan in pursuit of a dream.* New York: Simon & Schuster.

⑦② Kackar-Cam, H., & Schmidt, J. (2014). Community-based service-learning as a context for youth autonomy, competence, and relatedness. *The High School Journal, 98*(1), 83–108. doi:10.1353/hsj.2014.0009

⑦③ Kamkwamba, W., & Mealer, B. (2010). *The boy who harnessed the wind: Creating currents of electricity and hope.* New York: HarperCollins.

⑦④ Katz, L., Sax, C., & Fisher, D. (2003). *Activities for a diverse classroom: Connecting students* (2nd ed.). Colorado Springs, CO: PEAK.

⑦⑤ Kawashima-Ginsberg, K. (2012, December). *Summary of findings from the evaluation of iCivics' Drafting Board intervention* (CIRCLE Working Paper #76). Medford, MA: Tufts University, Center for Information & Research on Civic Learning & Engagement. Retrieved from http://www.civicyouth.org/wp-content/uploads/2012/12/WP_76_KawashimaGinsberg.pdf

⑦⑥ Kidd, C., Palmeri, H., & Aslin, R. N. (2013). Rational snacking: Young children's decision-making on the marshmallow task is moderated by beliefs about environmental reliability. *Cognition, 126*(1), 109–114. doi:10.1016/j.cognition.2012.08.004

⑦⑦ King, R. R., & Datu, J. A. (2017). Happy classes make happy students: Classmates' well-being predicts individual student well-being. *Journal of School Psychology, 65,* 116–128.

㊼ Flegenheimer, C., Lugo-Candelas, C., Harvey, E., & McDermott, J. M. (2018). Neural processing of threat cues in young children with attention-deficit/hyperactivity symptoms. *Journal of Clinical Child & Adolescent Psychology, 47*(2), 336–344. doi:10.1080/15374416.2017.1286593

㊽ Frey, N., Fisher, D., & Nelson, J. (2013). Todo tiene que ver con lo que se habla: It's all about the talk. *Phi Delta Kappan, 94*(6), 8–13. doi:10.1177/003172171309400603

㊾ Furr, R. M., & Funder, D. C. (1998). A multimodal analysis of personal negativity. *Journal of Personality and Social Psychology, 74*(6), 1580–1591.

㊿ Gerdes, K., Segal, E., Jackson, K., & Mullins, J. (2011). Teaching empathy: A framework rooted in social cognitive neuroscience and social justice. *Journal of Social Work Education, 47*(1), 109–131. doi:10.5175/JSWE.2011.200900085

51 Gergen, D. (2012, September 30). A candid conversation with Sandra Day O'Connor: "I can still make a difference." *Parade.* Retrieved from https://parade.com/125604/davidgergen/30-sandra-day-oconnor-i-can-make-a-difference/

52 Gordon, M. (2009). *Roots of empathy: Changing the world child by child.* New York: The Experiment.

53 Gordon, S. C., Dembo, M. H., & Hocevar, D. (2007). Do teachers' own learning behaviors influence their classroom goal orientation and control ideology? *Teaching and Teacher Education, 23*(1), 36–46. doi:10.1016/j.tate.2004.08.002

54 Hannah, S. T., Sweeney, P. J., & Lester, P. B. (2010). The courageous mind-set: A dynamic personality system approach to courage. In C. L. S. Pury & S. J. Lopez (Eds.), *The psychology of courage: Modern research on an ancient virtue* (pp. 125–148). Washington, DC: American Psychological Association.

55 Harrington, N. G., Giles, S. M., Hoyle, R. H., Feeney, G. J., & Yungbluth, S. C. (2001). Evaluation of the All Stars character education and problem behavior prevention program: Effects on mediator and outcome variables for middle school students. *Health Education & Behavior, 28*(5), 533–546. doi:10.1177/109019810102800502

56 Hattie, J. (2009). *Visible learning: A synthesis of over 800 meta-analyses relating to achievement.* New York: Routledge.

57 Hattie, J., & Timperley, H. (2007). The power of feedback. *Review of Educational Research, 77*(1), 81–112.

58 Hawkins, J. D., Smith, B. H., & Catalano, R. F. (2004). Social development and social and emotional learning. In J. E. Zins, R. P. Weissberg, M. C. Wang, & H. J. Walberg (Eds.), *Building academic success on social and emotional learning: What does the research say?* (pp. 135–150). New York: Teachers College Press.

59 Henderson, N. (2013, September). Havens of resilience. *Educational Leadership, 71*(1), 22–27.

60 Hinton, S. E. (1967). *The outsiders.* New York: Viking Press.

61 Hoffman, M. (1991). *Amazing Grace.* New York: Dial Books/Penguin.

62 House, B., & Tomasello, M. (2018). Modeling social norms increasingly influences costly sharing in middle childhood. *Journal of Experimental Child Psychology, 171,* 84–98. doi:10.1016/j.jecp.2017.12.014

❸❶ Dendy, L., & Boring, M. (2005). *Guinea pig scientists: Bold self-experimenters in science and medicine.* New York: Holt.

㉜ Desliver, D. (2016, June 10). Turnout was high in the 2016 primary season, but just short of 2008 record. *Pew Research Center.* Retrieved from http://www.pewresearch.org/fact-tank/2016/06/10/turnout-was-high-in-the-2016-primary-season-but-just-short-of-2008-record/

㉝ DeWitt, P. (2018, January 4). 4 ways to get skeptics to embrace social-emotional learning: Educators must pay attention to students' well-being. *EdWeek.* Retrieved from https://www.edweek.org/ew/articles/2018/01/05/4-ways-to-get-skeptics-to-embrace.html

㉞ Duncan, G. J., Dowsett, C. J., Claessens, A., Magnuson, K., Huston, A. C., Klebanov, P., . . . & Japel, C. (2007). School readiness and later achievement. *Developmental Psychology, 43,* 1428–1446. doi:10.1037/0012-1649.43.6.1428

㉟ Dunlosky, J., & Rawson, K. (2012). Overconfidence produces underachievement: Inaccurate self evaluations undermine students' learning and retention. *Learning and Instruction, 22*(4), 271–280. doi:10.1016/j.learninstruc.2011.08.003

㊱ Durlak, J. A., Weissberg, R. P., Dymnicki, A. B., Taylor, R. D., & Schellinger, K. B. (2011). The impact of enhancing students' social and emotional learning: A meta-analysis of school-based universal interventions. *Child Development, 82*(1), 405–432. doi:10.1111/j.1467-8624.2010.01564.x

㊲ Durlak, J. A., Weissberg, R. P., & Pachan, M. (2010). A meta-analysis of after-school programs that seek to promote personal and social skills in children and adolescents. *American Journal of Community Psychology, 45*(3–4), 294–309. doi:10.1007/s10464-010-9300-6

❸❽ Dweck, C. S. (2006). *Mindset: The new psychology of success.* New York: Ballantine.

❸❾ Elias, M. J., Zins, J. E., Weissberg, R. P., Frey, K. S., Greenberg, M. T., Haynes, N. M., . . . Shriver, T. P. (1997). *Promoting social and emotional learning: Guidelines for educators.* Alexandria, VA: ASCD.

㊵ Farnam Street. (n.d.). Carol Dweck: A summary of the two mindsets and the power of believing that you can improve [blog post]. Retrieved from https://fs.blog/2015/03/carol-dweck-mindset/

㊶ Finnis, M. (2018, April 6). 33 ways to build better relationships. Retrieved from https://www.independentthinking.co.uk/blog/posts/2018/april/33-ways-to-build-better-relationships/

㊷ Fisher, D., & Frey, N. (2011). *The purposeful classroom: How to structure lessons with learning goals in mind.* Alexandria, VA: ASCD.

㊸ Fisher, D., & Frey, N. (2014, November). Speaking volumes. *Educational Leadership 72*(3), 18–23.

㊹ Fisher, D., Frey, N., & Pumpian, I. (2012). *How to create a culture of achievement in your school and classroom.* Alexandria, VA: ASCD.

㊺ Fisher, D., Frey, N., Quaglia, R. J., Smith, D., & Lande, L. L. (2017). *Engagement by design: Creating learning environments where students thrive.* Thousand Oaks, CA: Corwin.

㊻ Flake, S. (2007). *The skin I'm in.* New York: Hyperion.

⑭ Bray, W. (2014). Fostering perseverance: Inspiring students to be "doers of hard things." *Teaching Children Mathematics, 21*(1), 5–7. doi:10.5951/teacchilmath.21.1.0005

⑮ Bryk, A. S., Sebring, P., Allensworth, E., Luppescu, S., & Easton, J. Q. (2010). *Organizing schools for improvement: Lessons from Chicago.* Chicago: University of Chicago Press.

⑯ Burdick-Will, J. (2013). School violent crime and academic achievement in Chicago. *Sociology of Education, 86*(4), 343–361. doi:10.1177/0038040713494225

⑰ Byland, A. A. (2015, June). From "tough kids" to change agents. *Educational Leadership, 72*(9), 28–34. Retrieved from http://www.ascd.org/publications/educational-leadership/jun15/vol72/num09/From-%C2%A3Tough-Kids%C2%A3-to-Change-Agents.aspx

⑱ Callaghan, M. (1936). All the years of her life. In *Now that April's here and other stories* (pp. 9–16). New York: Random House.

⑲ Casey, B. J., Somerville, L. H., Gotlib, I. H., Ayduk, O., Franklin, N. T., Askren, M. K., . . . & Shoda, Y. (2011). Behavioral and neural correlates of delay of gratification 40 years later. *Proceedings of the National Academy of Sciences, 108*(36), 14998–15003. doi:10.1073/pnas.1108561108

⑳ Collaborative for Academic, Social, and Emotional Learning. (2005). *Safe and sound: An educational leader's guide to evidence-based social and emotional learning (SEL) programs.* Chicago: Author.

㉑ Collins, S. (2008). *The hunger games.* New York: Scholastic.

㉒ Compas, B. E., Jaser, S. S., Bettis, A. H., Watson, K. H., Gruhn, M. A., Dunbar, J. P., . . . & Thigpen, J. C. (2017). Coping, emotion regulation, and psychopathology in childhood and adolescence: A meta-analysis and narrative review. *Psychological Bulletin, 143*(9), 939–991. doi:10.1037/bul0000110

㉓ Costello, B., Wachtel, J., & Wachtel, T. (2009). *The restorative practices handbook for teachers, disciplinarians and administrators.* Bethlehem, PA: International Institute for Restorative Practices.

㉔ Cuddy, A. (2015). *Presence: Bringing your boldest self to your biggest challenges.* New York: Little, Brown.

㉕ Cuddy, A., Fiske, S., & Glick, P. (2007). The BIAS map: Behaviors from intergroup affect and stereotypes. *Journal of Personality and Social Psychology, 92*(4), 631–648. doi:10.1037/0022-3514.92.4.631

㉖ Cuddy, A. J. C., Schultz, A. J., & Fosse, N. E. (2018). *P*-curving a more comprehensive body of research on postural feedback reveals clear evidential value for power-posing effects: Reply to Simmons and Simonsohn. *Psychological Science, 29*(4), 656–666.

㉗ Danese, A., & McEwen, B. S. (2012). Adverse childhood experiences, allostasis, allostatic load, and age-related disease. *Physiology & Behavior, 106*(1), 29–39. doi:10.1016/j.physbeh.2011.08.019

㉘ Daniels, H. (2002). *Literature circles: Voice and choice in book clubs and reading groups* (2nd ed.). Portland, ME: Stenhouse.

㉙ Delpit, L. (2012). *"Multiplication is for white people": Raising expectations for other people's children.* New York: New Press.

㉚ Demi. (1997). *One grain of rice: A mathematical folktale.* New York: Scholastic.

参考文献一覧

（白ヌキ数字の文献は邦訳書があります。末尾に掲載）

① Adesope, O. O., Trevisan, D. A., & Sundararajan, N. (2017). Rethinking the use of tests: A meta-analysis of practice testing. *Review of Educational Research, 87*(3), 659–701. doi:10.3102/0034654316689306

② Alexander, K. (2014). *The crossover.* New York: Houghton Mifflin Harcourt.

❸ Andreae, G. (2012). *Giraffes can't dance.* New York: Scholastic.

❹ Applegate, K. (2015). *The one and only Ivan.* New York: HarperCollins.

⑤ Argyle, M., & Lu, L. (1990). Happiness and social skills. *Personality and Individual Differences, 11*(12), 1255–1261.

❻ Avi. (1990). *The true confessions of Charlotte Doyle.* New York: Orchard Books.

❼ Avi. (1995). *Poppy.* New York: Orchard Books.

⑧ Bandura, A. (2001). Social cognitive theory: An agentic perspective. *Annual Review of Psychology, 52,* 1–26. doi:10.1146/annurev.psych.52.1.1

❾ Beaty, A. (2016). *Ada Twist, scientist.* New York: Abrams.

⑩ Berman, S., Chaffee, S., & Sarmiento, J. (2018, March 12). *The practice base for how we learn: Supporting students' social, emotional, and academic development.* Washington, DC: Aspen Institute, National Commission on Social, Emotional, and Academic Development. Retrieved from https://assets.aspeninstitute.org/content/uploads/2018/01/CDE-consensus-statement-1-23-18-v26.pdf

⓫ Boelts, M. (2016). *A bike like Sergio's.* New York: Penguin Random House.

⑫ Boyle-Baise, M., & Zevin, J. (2013). *Young citizens of the world: Teaching elementary social studies through civic engagement.* New York: Routledge.

⑬ Brackett, M., & Frank, C. (2017, September 11). Four mindful back-to-school questions to build emotional intelligence. *Washington Post.* Retrieved from https://www.washingtonpost.com/news/parenting/wp/2017/09/11/a-mindful-start-to-the-school-year-four-back-to-school-questions-to-build-emotional-intelligence

ーク』斉藤健一訳、講談社、1995年
・ローリング、J. K.『新装版　ハリー・ポッター（全11巻）』松岡佑子訳（佐竹美保絵）、静山社、2020年
・スピネッリ、ジェリー『ヒーローなんてぶっとばせ』菊島伊久栄訳、偕成社、1998年
・ウィルソン、ジャクリーン（ニック・シャラット絵）『マイ・ベスト・フレンド』小竹由美子訳、偕成社、2002年

第６章
・クリントン、チェルシー（アレグザンドラ・ボイガー絵）『世界にひかりをともした13人の女の子の物語』西田佳子訳、潮出版社、2018年
・クーニー、バーバラ『ルピナスさん』掛川恭子訳、ほるぷ出版、1987年
・クルル、キャスリーン（グレッグ・カウチ絵）『テレビを発明した少年：ファイロウ・ファーンズワース物語』渋谷弘子訳、さ・え・ら書房、2015年
・ライアン、パム・ムニョス（ブライアン・セルズニック絵）『マリアンは歌う：マリアン・アンダーソン100年に一度の歌声』もりうちすみこ訳、光村教育図書、2013年
・スタイグ、ウィリアム『ゆうかんなアイリーン』おがわえつこ訳、セーラー出版、1988年
・ユスフザイ、マララ（キャラスクエット絵）『マララのまほうのえんぴつ』木坂涼訳、ポプラ社、2017年

・ファディマン、アン『精霊に捕まって倒れる：医療者とモン族の患者、二つの文化の衝突』忠平美幸ほか訳、みすず書房、2021年
・フライシュマン、ポール『種をまく人』片岡しのぶ訳、あすなろ書房、1998年
・ハイアセン、カール『ホー』千葉茂樹訳、理論社、2003年
・フース、フィリップ『席を立たなかったクローデット：15歳、人種差別と戦って』渋谷弘子訳、汐文社、2009年
・ユスフザイ、マララほか『マララ：教育のために立ち上がり、世界を変えた少女＝Malala』道傳愛子訳、岩崎書店、2014年（ほかにも、マララ・ユスフザイに関する本は何冊か出ています。）

ィー・ジャパン編、キングベアー出版、2014年
・カーティス、クリストファー・ポール『バドの扉がひらくとき』前沢明枝訳、徳間書店、2003年
・ランシング、アルフレッド『エンデュアランス号漂流』山本光伸訳、新潮文庫、2001年
・ローリー、ロイス『ギヴァー　記憶を注ぐ者』島津やよい訳、新評論、2010年
・ピンク、ダニエル『モチベーション3.0：持続する「やる気！（ドライブ！）」をいかに引き出すか』大前研一訳、講談社、2010年
・ライアン、パム・M『ライディング・フリーダム：嵐の中をかけぬけて』こだまともこ訳（藤田新策絵）ポプラ社、2001年
・ヴォーター、ヴィンス『ペーパーボーイ』原田勝訳、岩波書店、2016年

第5章

・デ・ラ・ペーニャ、マット（クリスチャン・ロビンソン絵）『おばあちゃんとバスにのって』石津ちひろ訳、鈴木出版、2016年
・ラドウィッグ、トルーディ（パトリス・バートン絵）『みんなからみえないブライアン』さくまゆみこ訳、くもん出版、2015年
・パラシオ、R・J（文・絵）『みんな、ワンダー』中井はるの訳、アルファポリス、2018年
・トルストイ、レフ『おおきなかぶ』内田莉莎子訳（佐藤忠良絵）、福音館書店、1998年

・コーミア、ロバート『チョコレート・ウォー』北沢和彦訳、扶桑社、1994年
・エスティス、エレナー（ルイス・スロボドキン絵）『百まいのドレス』石井桃子訳、岩波書店、2006年
・フランクル、ヴィクトール・E『夜と霧』池田香代子訳、みすず書房、2002年
・ハーン、メアリー・ダウニング『12月の静けさ』金原瑞人訳、佑学社、1993年
・マーティン、アン・M.『宇宙のかたすみ』金原瑞人ほか訳、アンドリュース・クリエイティヴ、2003年
・フィルブリック、ロッドマン『フリーク・ザ・マイティ：勇士フリ

第３章

・バング、モリー『ソフィーはとってもおこったの！』おがわひとみ訳、評論社、2002年
・ヘンクス、ケビン『おしゃまなリリーとおしゃれなバッグ』いしいむつみ訳、BL出版、1999年
・ヘンクス、ケビン『しんぱいしんぱいウェンベリー』いしいむつみ訳、BL出版、2001年
・センダック、モーリス『かいじゅうたちのいるところ』じんぐうてるお訳、冨山房、1975年
・シャノン、デイビッド『だめよ、デイビッド！』小川仁央訳、評論社、2001年

・ディカミロ、ケイト『きいてほしいの、あたしのこと：ウィン・ディキシーのいた夏』片岡しのぶ訳、ポプラ社、2002年
・ヒレンブランド、ローラ『不屈の男：アンブロークン』ラッセル秀子訳、KADOKAWA、2016年
・パラシオ、R・J『ワンダー』中井はるの訳、ほるぷ出版、2015年
・パターソン、キャサリン『テラビシアにかける橋』岡本浜江訳、偕成社、2007年

第４章

・ガルドン、ポール『おとなしいめんどり』谷川俊太郎訳、童話館、1994年
・ローベル、アーノルド『ふたりはいっしょ』三木卓訳、文化出版局、1972年
・ブラウン、マーシャ（文・絵）『せかいいちおいしいスープ：あるむかしばなし』こみやゆう訳、岩波書店、2010年
・ポラッコ、パトリシア（文・絵）『ありがとう、フォルカーせんせい』香咲弥須子訳、岩崎書店、2001年
・ウッドソン、ジャクリーン（E. B.ルイス絵）『ひとりひとりのやさしさ』さくまゆみこ訳、BL出版、2013年

・クレメンツ、アンドリュー『合言葉はフリンドル！』田中奈津子訳（笹森識絵）、講談社、1999年
・コヴィー、ショーン『７つの習慣ティーンズ』フランクリン・コヴ

SELの実践に使える絵本と児童文学のリスト

（邦訳書のあるもののみ掲載順に紹介。各章とも上部が絵本です。このリスト以外にも、島根県立大学の中井悠加先生と同大学の絵本図書館「おはなしレストランライブラリー」の尾崎智子さんと内田絢子さんが選出してくれた、これらをテーマにしたリストが76ページのQRコードで見られますので、そちらも参考にしてください。）

第2章

・カールソン、ナンシー『わたしとなかよし』なかがわちひろ訳、瑞雲舎、2007年
・ドクター・スース作（ジョンソン、スティーブとルー・ファンチャー絵）『いろいろいろんな日』石井睦美訳、BL出版、1998年
・リーフ、マンロー（ロバート・ローソン絵）『はなのすきなうし』光吉夏弥訳、岩波書店、1954年
・パール、ドット『ええやんそのままで』（エルくらぶ）つだゆうこ訳、解放出版社、2008年
・ヴィオースト、ジュディス（エリック・ブレグバッド絵）『ぼくはねこのバーニーがだいすきだった』なかむらたえこ訳、偕成社、1979年

・クラッチャー、クリス『アイアンマン：トライアスロンにかけた17歳の青春』金原瑞人ほか訳、ポプラ社、2006年
・ジョージ、ジーン・クレイグヘッド『ぼくだけの山の家』茅野美ど里訳、偕成社、2009年
・ヒントン、S.E.『アウトサイダーズ』唐沢則幸訳、あすなろ書房、2000年
・リンドグレーン、アストリッド（ローレン・チャイルド絵）『長くつ下のピッピ』菱木晃子訳、岩波書店、2007年
・オデル、スコット『青いイルカの島』藤原英司訳（小泉澄夫絵）、理論社、2004年
・ポールセン、ゲイリー『ひとりぼっちの不時着』西村醇子訳（安藤由紀絵）くもん出版、1994年
・スピネッリ、ジェリー『スターガール』千葉茂樹訳、理論社、2001年
・ヴィーゼル、エリ『夜』村上光彦訳、みすず書房、2010年

訳者紹介

山田洋平（やまだ・ようへい）
福岡教育大学教職大学院准教授。すべての子どもが楽しく笑顔で学校に通えるようになることをめざして，SEL（社会性と情動の学習）の研究をしています。SELのことをさらに知りたい方は，SEL-8研究会（http://www.sel8group.jp/）にアクセスしてください

吉田新一郎（よしだ・しんいちろう）
IQよりもEQが大切と言われたのは、すでに30年近く前です。しかし、日本は依然テストの点数がすべて。SELの本は、この１年間で３冊目になります。一人ひとりの生徒と世界の未来は、EQやSELにかかっています。問い合わせは、pro.workshop@gmail.comへ。

協力者
大関健道、佐野和之、井上鷹

学びは、すべてSEL
――教科指導のなかで育む感情と社会性――

2023年２月15日　初版第１刷発行

訳　者　山　田　洋　平
　　　　吉　田　新　一　郎

発行者　武　市　一　幸

発行所　株式会社　新　評　論

〒169-0051
東京都新宿区西早稲田３-16-28
http://www.shinhyoron.co.jp

電話　03(3202)7391
FAX　03(3202)5832
振替・00160-1-113487

落丁・乱丁はお取り替えします。
定価はカバーに表示してあります。

印刷　フォレスト
装丁　山田英春
製本　中永製本所

Printed in Japan
ISBN978-4-7948-1231-5